Der Kurs der Wunder

Ein Weg zur Liebe

Der Kurs und seine Wirkung

(*„Ein Kurs In Wundern*®" ist beim Greuthof-Verlag erhältlich.)

Peter Bernhard

Meinem Lehrer gewidmet

Stellaazul-Verlag
published in Barcelona 2017, Spain

by Peter Bernhard

ISBN-13: 978-1544045436

https://peterbernhard.wordpress.com

Inhaltsverzeichnis

1. Zum Geleit

2. Der historische Jesus

3. Erstes Gespräch Jesu mit Luzifer

4. Erlösung ohne Opfer

5. Akzeptanz der eigenen Unschuld

6. Das Ziel der Veränderung des Geistes

7. Zweites Gespräch Jesu mit Luzifer

8. Selbstausdehnung ist die Art wie Gott erschafft

9. Die Struktur des Kurses

10. Ein mystischer Weg für die Welt

11. Gespräch Jesu mit einem Soldaten

12. Die Kosmologie des Kurses.

13. Was sind Wunder?

14. Wunder - Geschichten und Erlebnisse

15. Drittes Gespräch Jesu mit Luzifer

16. Die Entwicklung des Vertrauens im Kurs

17. Die Wahrnehmung des Nächsten als Pfad der Heilung

18. Vergebung als Antwort

19. Neue Hoffnung für die Welt

20. Das Leben der Lehrer Gottes

II. Den Weg der Liebe gehen

1. Das Problem

2. Die Liebe ist nicht außerhalb

3. Vergebung bringt uns zurück zur Liebe

4. Alle Dinge sind miteinander verbunden

5. Die Macht der Ideen

6. Geistesänderung als Wunder

7. Liebe kann nicht zurückgehalten werden

8. Verschmelzen

III. Der Kurs im Leben

1. Dem Ruf Folge leisten

2. Der Kurs und der Umgang mit Schuld

3. Der Kurs und Meditation

4. Der Kurs und die Kabbala

5. Ein Augenblick ist genug

6. Gespräch Jesu mit einem Pfarrer

7. Zwei Übungen in der Schau

8. Der Neuanfang

Du selbst sein

Der Einflüsterer

Der Weg

1. Zum Geleit

Jesus ist immer noch gegenwärtig. Er erscheint auf Kunstdrucken und in Kirchen. Er ist Teil unserer Geschichte und unser Kultur. Er wird mehr oder weniger oft erwähnt, aber so als sei er zwar wohlbekannt, aber gleichzeitig unendlich fern, getrennt von uns durch Raum und Zeit, als lebte er in einer anderen Welt, die für uns verloren ist oder an die wir uns nicht mehr erinnern wollen, eine Welt, in der Gott den Menschen noch nahe war. Diese Nähe zu Gott, die Jesus verkörpert, bereitet heute vielen Menschen Unbehagen. Sie glauben, dass ihre Freiheit davon abhängt, von Gott fern zu sein. Und die Nähe zu Gott wird im Gegensatz dazu als Sklaverei verstanden. Doch gibt es heute ebenfalls eine große Sehnsucht nach einer heilen Welt, wie sie in der Vergangenheit bestanden haben könnte. Das mag mit der chaotischen Situation zusammenhängen, in der sich die Welt befindet. Diese Suche nach der Vergangenheit kann zu negativen Ergebnissen führen, wie bestimmte Entwicklungen im 20. und auch jetzt im 21. Jahrhundert gezeigt haben. Aber auch eher positive Autoritätsfiguren, die diese Sicherheit aus der Vergangenheit verkörpern, wie der Papst und der Dalai Lama, sind noch immer und wieder neu gefragt. Jesus verkörpert viele von diesen Dingen: Projektionen, Ängste und Sehnsüchte und die echte Autorität eines Erlösers. Über ihn wird daher im öffentlichen Diskurs noch immer geredet, obwohl die Kirchen seine Botschaft verbraucht zu haben scheinen, von denen viele Menschen sich abgewandt haben, weil deren Antworten nicht mehr für sie funktionieren. Religion ist als ganzes stärker in den Hintergrund getreten und durch andere Lösungsversuche ersetzt worden, die das westliche Freiheitsideal besser verkörpern.

So scheint es heute, als ob das öffentliche Denken mehr von den Konsumverheißungen der modernen Kommunikationselektronik bestimmt wird, als von der Frage nach dem inneren Glück oder gar der Erlösung. Und wenn das innere Glück gesucht wird, wird es viel seltener bei Jesus gesucht als noch vor fünfzig Jahren.

Ein riesiger Markt hat sich aufgetan, der Erlösung außerhalb des traditionellen Christentums anbietet. Es gibt eine Flut von neuen, alten und vermischten Angeboten, die oft eine Abkürzung auf dem spirituellen Weg versprechen. Fastfood und Dilettantismus bestimmen große Teile dieses esoterischen Marktes. Von allen Religionen und Traditionen werden heute Versatzstücke in einer Fülle angeboten, die in der ganzen Geschichte, die wir kennen, einmalig ist. Viele dieser Riten und Techniken funktionieren jedoch nur dann, wenn sie dem Zweck dienen, für den sie geschaffen wurden. Sie waren ursprünglich eingebettet in einen Gesamtzusammenhang, der traditionsbestimmt und gemeinschaftsstiftend war und oft nur lokale Bedeutung hatte. In dem Eintopf dieser aus ihren Traditionen herausgerissenen Wissensteile kann das westliche Individuum nur schwer etwas finden, was ihm die heile Welt zurückbringt. Am Ende sind die Suchenden noch immer nicht den Erfordernissen des alltäglichen Lebens entkommen oder haben sie auf eine Weise gemeistert, die ihnen das innere Glück zurückerstattet, das sie so verzweifelt suchen. Nur wenige Sucher schaffen es, sich den geeigneten Mix aus Methoden zusammenzustellen, um auf rechte Weise zu wachsen oder gar Erleuchtung zu finden. Die meisten rennen immer neuen Methoden nach, ohne je anzukommen. Viele Suchende sind aber mittlerweile auch ermüdet von dieser einsamen Jagd nach Erlösung. Einige wenden sich wieder den traditionellen Kirchen zu oder anderen etablierten Religionen. Viele junge Menschen, die schnelle und einfache Antworten suchen, ziehen sogar wieder in einen heiligen Krieg, dessen Grausamkeit und Schmerz an den alten Orient und das Römische Reich erinnern. Die spirituelle Sehnsucht lebt also immer noch in vielen von uns. Ist sie vielleicht sogar die geheime Kraft, die unser Leben antreibt, ob wir nun Hedonisten, Karrieristen, Verlierer, Mystiker oder religiöse Fanatiker sind? Sie ist nichts weniger als die Sehnsucht nach unserem Ursprung, die wenn sie erwacht, unser Leben durcheinander werfen kann. Und Jesus ist noch immer Teil dieses Erwachens. Außerhalb der Kirchen hat sich in den letzten vierzig Jahren ein neues Jesusbild geformt, von einem Jesus der auch lachen kann. Trotz vieler neuer Erkenntnisse über die Welt des historischen Nazareners wussten wir lange nicht aus erster Hand, was er denn genau gelehrt hat. Denn es gibt durchaus Widersprüche in seiner Lehre. Wie konnte z. B. ein Befreier von der Angst vor Gott mit der Hölle drohen, einer Vorstellung, die zu seiner Zeit noch kaum verbreitet war?

Diese Fragen können wir heute vielleicht besser beantworten, wenn unsere im folgenden erläuterte Annahme über die Herkunft des Kurses stimmt. Dann wissen wir heute mehr über das Denken und die Lehre Jesu, als jemals zuvor seit dem Tod des letzten Apostels.

Wir werden aufzeigen, dass Jesus eine überraschende Antwort bereithält, die vielleicht erst in der Zukunft voll verstanden werden wird. Von ihm stammen die hier wiedergegebenen Botschaften an die Menschheit, die im 20. Jahrhundert empfangen wurden und für das dritte Jahrtausend bestimmt sind. Woher wissen wir das? Weil die Erfahrungen und Veränderungen, die diese Lehre bei so vielen Menschen bewirkt hat, sie über einen vernünftigen Zweifel erheben. Dieser „neue" Jesus lehrt auf eine so radikale Weise, wie man es sonst nur von den alten chinesischen Zen-Meistern kannte. Er weist unerbittlich auf die Dinge hin, die zwischen uns und der Erleuchtung stehen und fordert zu einer Umkehr jetzt und hier auf. Er führt auf souveräne Art und Weise durch die Dunkelheit zum Licht. Wir beziehen uns hier auf das von ihm empfangene Dokument „Ein Kurs in Wundern®" (erhältlich beim Greuthof-Verlag, hier *der Kurs* genannt). Dieses Buch ist von ungewöhnlicher Klarheit und Kraft. Da es das Denken des Schülers ändert, verwandelt es auch die Welt, in der er lebt. Darum ist es nicht in jedem Fall für Anfänger auf dem inneren Weg geeignet, es sei denn, sie fühlen sich unwiderstehlich zu ihm hingezogen. Es wäre besser, wenn der Leser schon einige Erfahrungen in spiritueller Praxis, wie zum Beispiel Meditation, schamanischer Arbeit, Jesusgebet oder Yoga gesammelt hat, bevor er sich an dieses Werk heran wagt. Sonst könnte er eine Phase der Desorientierung durchleben, weil der Kurs den Eingang zu einer anderen Realität eröffnet und es gut ist, wenn man weiß, wie man sich immer wieder erdet, denn letztlich müssen wir hier und jetzt mit dem Leben klarkommen. Erst wenn wir den Anforderungen des Alltags gerecht werden, können wir ohne Gefahr spirituelle Ausflüge unternehmen oder besser gesagt, unsere Spiritualität sollte unserer Heilung und Erdung im hier und jetzt dienen. Das leistet dieser Kurs auch, wenn wir der Tendenz widerstehen, ihn zur Flucht in eine andere heile Welt zu missbrauchen.

Auf Grund einer inneren Eingebung, habe ich hier Gespräche von Jesus mit bestimmten Figuren und Menschen mit eingefügt.

2. Der historische Jesus

Wer war Jesus von Nazareth, jener Mensch aus Fleisch und Blut, der vor zweitausend Jahren mit seinen Freunden durch

Palästina zog? Um davon eine Ahnung zu bekommen, müssen wir einen kurzen Blick auf die damalige geistige und politische Situation werfen. Zu seiner Zeit war das politische und religiöse Klima in Palästina sehr aufgeheizt. Die Römer hatten das Land besetzt, aber dem jüdischen Volk weitgehende Freiheiten in seiner Religionsausübung gelassen. Die Besatzer hatten zum Beispiel darauf verzichtet, die Standbilder ihrer Götter in Jerusalem aufzustellen, wo die Juden seit Jahrhunderten ihren unsichtbaren Gott Jahwe anbeteten. Die Römer erlaubten weiterhin den Tempel-kult und den Weiterbestand der dazugehörigen jüdischen Hierarchie. Innerhalb und außerhalb des offiziellen jüdischen Establishments gab es viele religiöse Gruppen mit denen Jesus mehr oder weniger zu tun hatte. Einige waren zum Teil fanatische Gegner der römischen Besatzung und zur Gewalt bereit, wie die Zeloten, andere hatten sich ganz von der Welt abgewandt und erwarteten die baldige Wiederkunft des Messias, wie die Essener, wieder andere versuchten sich mit dem System und der Besatzungsmacht irgendwie zu arrangieren, um so viel wie möglich von der jüdischen Identität in die Zukunft zu retten, wie die Sadduzäer, den Vertretern des Tempel-Establishments und die Pharisäer, den mehr volkstümlichen und liberalen Rabbis und Gelehrten, von denen das heutige Judentum weitesgehend abstammt. Wie stand Jesus nun zu all diesen Gruppierungen und was machte seine Einzigartigkeit aus?

Jesus war kein Theologe oder Priester. Es gibt Geschichten in den Evangelien, die zu beweisen versuchen, dass Jesus mit den Theologen auf eine Weise diskutierte, als wäre er einer von ihnen. Aber wer sich die Geschichten und die Sprüche Jesu genauer anschaut, kann sehen, dass er an keinem theologischen Diskurs interessiert war. Zu seiner Zeit war es in den Synagogen Mode, über jeden Satz der Thora lange Dispute zu führen. Da jedem hebräischen Buchstaben ein Bild, eine Zahl und eine Ebene der Schöpfung zugeordnet ist, konnte man sich leicht in endlosen Interpretationen verlieren. Jesus wandte sich jedoch gegen jede Art von Buchstabengläubigkeit, die auf der Einhaltung des Ge-setzes bestand und letztlich auf Schuld und der Angst vor Gott beruhte. Er wollte nicht glauben, dass heilige Schriften wichtiger waren, als das Wohlergehen der Menschen heute. Seine Geschichten sollten Erfahrungen und Aha-Erlebnisse vermitteln und den Einzelnen gleich jetzt befreien. Er stellte in Frage und lud zu neuen Schritten im Denken ein. Er stand außerhalb der etablierten Priesterkaste, war kein offizieller Rabbiner, trat aber als Laienprediger auf, was ihm die Freiheit gab, zu sagen und zu tun was er wirklich wollte, auch wenn er damit sein Leben riskierte.

Jesus war kein Königssohn oder Teil eines politischen oder religiösen Establishments, obwohl er Teil der Abstammungslinie von König David gewesen sein soll, wie im Neuen Testament des öfteren behauptet wird. Dies lässt sich nach der Zerstörung der Abstammungstafeln beim Brand des Tempels von Jerusalem im Jahre 65 aber nicht mehr beweisen. Sicher ist jedoch, dass Jesus von einem armen Handwerker abstammte und aus Galiläa kam, einer Gegend, die man im strenggläubigen Judäa als hellenistisch verunreinigt und als religiös unzuverlässig betrachtete.

Jesus war jedoch kein Liberaler. Er widerstand einer Aufweichung des jüdischen Glaubens an den einen Gott durch hellenistische Einflüsse. Er war aber auch kein Anhänger des mosaischen Gesetzes, sondern sein erklärter Gegner. Er glaubte anders als die Pharisäer und auch später Paulus an eine Ethik, die variabel war und sich immer wieder der jeweiligen Situation anpassen konnte. Diese

Essenz bestand für ihn aus der Liebe Gottes zu den Menschen. Der Ruf Gottes zur Umkehr in ein anderes Leben des Friedens, zusammen mit dem Nächsten und der Schöpfung, war für ihn nicht diskutierbar.

Jesus war ein Gegner der Sadduzäer, der Partei der Privilegierten, die nach außen Frieden mit den Römern hielten und nach innen auf einer strengen Einhaltung des Gesetzes und des Sabbatfriedens bestanden. Für ihn gab es Wichtigeres als deren Tempelkult. Er kritisierte sie ihrer Unmenschlichkeit wegen, wenn sie das Gesetz höher stellten als den Menschen. Gegen die Römer hat Jesus in den überlieferten Schriften nicht polemisiert. Vielleicht wurden entsprechende Reden von den Schreibern der Evangelien aus politischem Kalkül nicht in die Erzählung aufgenommen. Es ist zu vermuten, dass Jesus im kleinen Kreis auch öfters über die Römer und das richtige Verhalten ihnen gegenüber gesprochen hat, denn glücklich war er über ihre Präsenz in sicher nicht. Aber ihm war klar, dass ein Aufstand gegen sie nichts besser, aber vieles schlimmer machen würde und auch dem Liebesgebot vollkommen widersprach.

Jesus glaubte an eine baldige radikale Änderung der Welt durch das direkte Eingreifen Gottes und die Aufrichtung seiner Herrschaft, wie viele andere Leute seiner Zeit auch, zum Beispiel die Essener und die Zeloten. Er prangerte die Ungerechtigkeit des Systems an, ohne zur Revolution aufzurufen. Für ihn kam alle wahre Veränderung durch Gottes Eingreifen selbst. Dafür sollte sich der einzelne bereit machen, indem er „umkehrte", was hieß, nicht mehr auf sein kleines Ich zu vertrauen, sondern dem Geiste Gottes, der versprochen hatte, ihn nach Hause zu führen.

Die Geschichte hat gezeigt, warum Jesus so dachte wie er es tat. Die Zeloten, die Dolchmänner versuchten die Herrschaft der Ungläubigen durch Krieg zu beenden. Sie zettelten den ersten jüdischen Aufstand an, der im Jahre 65 zur Zerstörung des Tempels in Jerusalem durch die Römer führte und Hunderttausenden das Leben kostete. Dieser von Jesus prophezeite Untergang wurde noch von Menschen und Jüngern erlebt, die ihn persönlich gekannt hatten. Einige Jahrzehnte später brach ein weiterer verlustreicher jüdischer Aufstand in Nordafrika und Zypern aus, ebenfalls mit hunderttausenden Toten und Massakern auf beiden Seiten. Der letzte große Kampf der Juden, nach dessen Anführer Bar-Kochba-Aufstand ge-nannt, endete ebenfalls mit einer Niederlage und der verheerenden Vertreibung der restlichen jüdischen Bevölkerung aus der Provinz Palästina.

Da Jesus sich dem Kampf gegen die Römer oder die Obrigkeit nicht anschloss, saß er zwischen allen Stühlen. Er zog sich deshalb den Hass der nationalistischen Eiferer zu, die einen charismatischen Redner wie ihn gerne in ihren Reihen gesehen hätten.

Jesus lehrte aber auch keinen Rückzug von der Welt wie die Essener. Sie teilten die Welt in Licht und Finsternis ein, wobei sie sich als die Kinder des Lichts betrachteten. Jesus dagegen lehrte und lebte inmitten der Welt und scheute nicht den Kontakt zu Römern, Sündern oder Kollaborateuren, wie den verhassten Zolleinnehmern. Er lehrte auch keinen Asketismus, er trank Wein und aß Fleisch und ließ sich zu Festlichkeiten und Mahl-zeiten der Reichen einladen.

Jesus schien mehr einem modernen Hippie zu ähneln. Er arbeitete nicht, ließ sich von seinen Anhängern aushalten und hielt sich oft nicht an die religiösen Gesetze. Jesus lehrte aber, wie wir schon sagten, keinen Kompromiss, wenn es um die essentiellen Dinge Gottes ging, so wie die Pharisäer Kompromisse einzugehen bereit waren. Sie glaubten, dass man Verdienste vor Gott ansammeln und seine Loyalitäten zwischen Gott und den weltlichen Obrigkeiten aufteilen könne.

Jesus glaubte an keine erstarrte Gesetzesreligion, wie es das orthodoxe Judentum, der Islam und Teile des Hinduismus es noch heute sind, denn Gott war für ihn eine lebendige gegenwärtige Wirklichkeit, deren Anspruch an den Menschen nicht von irgendetwas begrenzt werden konnte.

Was machte nun also das Besondere an Jesus aus? Er predigte die Herrschaft Gottes, deren totaler Durchbruch in naher Zukunft für ihn bevorstand, aber in seiner eigenen Anwesenheit schon jetzt greifbar war. Diese sogenannte eschatologische Naherwartung teilte er mit vielen seiner Zeitgenossen, besonders den religiösen Eiferern, die ganz anders als Jesus, nicht nur Erlösung, sondern auch ein göttliches Strafgericht für die Ungläubigen erwarteten. Und da gab es etwas, das weit über diese Naherwartung hinausging. Es war die Lehre von dem Vertrauen in Gott in allen Lebenslagen, ein Leben aus der

Unsicherheit des Augenblicks heraus, ein Leben, das durch seine Schutzlosigkeit Gott in jedem Moment den Raum gab, die Geschicke der Jünger zu lenken und sie mit Wundern zu beschenken.

Jesus ließ keinen Zweifel daran, dass es die Sache Gottes ist für die Menschen in Not einzutreten. Er brachte Gott näher zu den Menschen, machte ihn zu einem Vertrauten. Er bezeichnete sich nicht als den Sohn Gottes oder den Messias, dessen können wir ziemlich sicher sein. Das Bekenntnis der Sohn Gottes selbst zu sein, wurde ihm erst im Licht des nachösterlichen Glaubens an die Auferstehung in den Mund gelegt. Aber er sprach mit einer inneren Autorität, die darauf hindeutete, dass er den Willen Gottes ganz genau kannte. Die von ihm bewirkten Heilungen schienen zu beweisen, dass sein Anspruch auf eine Neudeutung der göttlichen Geheimnisse sehr wohl berechtigt war. Die ihm von der nachösterlichen Gemeinde verliehenen Titel des Erlösers und Christus hatten daher eine zweifache Grundlage: Sein Leben auf der Erde, das vollkommen einzigartig war, und seine Auferstehung, die von vielen bezeugt, die Grundlage für den christlichen

Glauben in seiner Gesamtheit und auch für alle Schriften des Neuen Testaments bildete.

Jesus wurden später aber auch Drohungen mit der Hölle in den Mund gelegt, die ein ganzes christliches Zeitalter in Angst und Schrecken versetzen sollten. Im Alten Testament gab es solche düsteren Aussichten noch nicht, da es zu seiner Zeit keinen Glauben an ein ewiges Leben gegeben hatte. Aber hatte Jesus wirklich mit der Hölle drohen und von einem liebenden Vater im Himmel sprechen können? Im Markusevangelium tritt er noch nicht als Weltenrichter auf, sondern als jemand, der am Ende der Zeit seine Auserwählten um sich scharrt. Erst im Matthäusevangelium und bei Paulus übernimmt er die Funktion, die im Alten Testament Gott zugeschrieben wird, die eines Richters. Seine heilende Intervention in das Leben anderer bestand aber gerade in jedem Verzicht auf moralisches Richten, das für die jüdische und später christlich-kirchliche Religion so tüpisch war. Er versetze die Ausgestoßenen und Sünder durch seine eigene Liebe vielmehr in den Stand, sie selbst zu sein. Sie konnten an seiner Seite die höchste Version ihrer selbst zum Leben erwecken und so und nur so, ihr Glück finden. Ihn als Richter zu sehen, kann bei seinen

Anhängern zu einer Neurose führen, denn Liebe ist ohne Vertrauen nicht möglich. Man kann also niemanden lieben, den man fürchtet.

Wenn diese Drohungen im Zusammenhang seiner Lehre von der Liebe Gottes irgendeinen Sinn ergeben sollen, dann wohl den, dass niemand, der die Stimme des Heiligen Geistes verleugnete, in den Himmel kommen konnte. Der ewige Verbleib in dieser Welt, also dem Gefangensein im Rad der Wiedergeburt, war das, was von den Wissenden mit Hölle gemeint war. Zusammenfassend können wir sagen, dass es Jesus nicht um Dinge ging, die wir mit den Augen sehen können. Er sprach von einer Sphäre des Bewusstseins aus, in der eine bedingungslose Liebe existiert, die kein Gegenteil hat, weil sie allumfassend ist. Dies ist auf Erden schwer zu verstehen, weil alle irdischen Dinge nur in Gegensätzen wahrgenommen werden können. Aber für Jesus machte diese Liebe vollkommen Sinn, denn nur in ihr sah er einen Weg aus der Knechtschaft und dem Leiden der Welt. Wer sich ein wenig in sein irdisches Leben und seinen Charakter hineindenken kann, der wird erahnen, welch ein geniales Werk durch ihn mit dem Kurs auf die Erde gekommen ist; ein Werk, das jedem die Werkzeuge für eine innere Weiterentwicklung in die Hand gibt.

Es gab durch die Jahrhunderte hindurch viele herausragende Botschafter und Nachfolger der Lehre Jesu, wie Meister Eckhard im 13. Jahrhundert, Johannes vom Kreuz im 16. Jahrhundert und Mary Baker Eddy im 19. Jahrhundert. Aber jetzt haben wir ein Dokument in unserem Besitz, von dem wir dachten, dass es für immer verloren sei; ein Buch in dem Jesus sich an unsere Zeit wendet. Dies könnte die wichtigste Botschaft an die Menschheit seit dem Neuen Testament sein. Sind wir bereit für sie?

3. Erstes Gespräch Jesu mit Luzifer

Auf der Straße von Jerusalem nach Jericho, um 140 u.Z., Jesus in dunkle Tücher gewickelt.

Luzifer in der Tracht eines römischen Offiziers.

L: „Wo ist sie denn nun die Herrschaft Gottes, die du prophezeit hast? Es ist alles den Bach heruntergegangen. Jerusalem abgebrannt und deine Christen in alle Winde verstreut. Von den Juden, deinem Volk, reden wir erst gar nicht."

J: „Wie ich es schon vorhersah. Selbst die Steine haben geweint in meiner Vision. Es wäre mir lieber gewesen die Zukunft nicht zu kennen. Noch lieber wäre mir gewesen, wenn meine Volksgenossen auf mich gehört hätten."

L: „Und die Herrschaft Gottes? Kommt die noch? Hast du nicht gesagt, dass deine Jünger sie noch erleben?"

J: „Die Herrschaft Gottes ist mit meinem Erwachen angebrochen. Du weißt ganz genau was vor sich geht, Luzifer."

L: „Nein, ich sehe nichts. Mal wieder außer Spesen nichts gewesen. Du hast dich um eine Entscheidung herumgedrückt, nicht zu den Liberalen hast du dich gezählt und nicht zu den Fanatikern und auch nicht auf den Kollaborateuren. Obwohl du auf jeder Hochzeit getanzt hast. Die Juden haben wenigstens gekämpft. Aber deine Leute sind einfach davongelaufen und haben auf Gott gewartet oder auf dein Wiedererscheinen. Aber weder Gott noch du bist wieder aufgetaucht."

J: „Für jene, die nicht hinhören kann sich die Geschichte noch lange in die Zukunft ausstrecken. Für jene aber, die mich hören, bin ich in jedem Moment da. Du schaust auf die Welt, die sich in Qualen windet, weil sie an deine Gedanken glaubt. Du verkaufst dich als einen Fürsprecher der Menschen, als müssten sie gegen die Liebe Gottes ankämpfen. Aber du weißt es selbst besser. Im Inneren des Herzens von einem jeden, der auf dieser Erde wandelt, leuchtet das Reich Gottes noch immer vollkommen klar und unangetastet. Selbst in dem deinen. Ich bin nur bekommen, um daran zu erinnern, denn das Reich meines Vaters hat kein Ende."

4. Erlösung ohne Opfer

Die Idee, dass, es "einen anderen Weg geben muss" war eine Voraussetzung für das Empfangen der Botschaften Jesu für das dritte Jahrtausend. Zwei Menschen hatten sich in der Entscheidung eines Augenblicks in dieser Suche nach einem besseren Weg zusammen getan. Es waren Helen Schucman und William Thetford, beide Professoren in der Abteilung für medizinische Psycho-logie an der Columbia Universität in New York City. Sie hatten unter Stress und Konkurrenzdenken in ihrer Abteilung gelitten, aber auch unter der unzureichenden Hilfe, die sie gewähren konnten. Sie suchten ernsthaft nach einer Alternative. Sie waren jedoch beide Natur-wissenschaftler durch und durch und glaubten an keine geistige Welt. Als sich dann bei Helen das innere Gewahrsein durch lebendige Träume und Voraus-wissen bei wichtigen Ereignissen einstellte, geriet sie in Panik. Besonders als ihr eine innere Stimme immer wieder zurief: „Dies ist ein Kurs in Wundern, bitte schreib ihn auf!" Es bedurfte des Zuspruchs ihres Kollegen Bill, um sie zu beruhigen und zur Niederschrift zu bewegen. Das Kursmaterial wurde Helen in den Jahren von 1965 bis 1972 in einem inneren Diktat durchgegeben, das sie jederzeit unterbrechen und an anderer Stelle wieder aufnehmen konnte. Währenddessen befand sie sich in keiner Trance, sondern in ihrem normalen Wachzustand. Der Inhalt des Materials widersprach ihren wissenschaftlichen und atheistischen Überzeugungen zutiefst. Sie erinnerte sich aber seltsamerweise daran, dass sie sich vor langer Zeit zu der Niederschrift dieser Botschaft verpflichtet hatte. Erinnerungen an Ereignisse "vor diesem Leben" waren aber das letzte, was sie akzeptieren konnte. Als sie sich dies eingestand, war sie nahe daran, ihre begonnenen Niederschriften wieder zu vernichten. Da sie die Dringlichkeit dieses Unternehmens jedoch erkannte, erklärte sie sich zur Zusammenarbeit bereit, ohne aber zu wissen, wie viel Material durchgegeben werden und wie lange dies dauern würde. Es dauerte dann sieben Jahre bis die drei Bücher empfangen wurden, die heute Teil dieses Kurses sind.

Dieses Material enthält die Blaupause des menschlichen Geistes. Wenn wir es anwenden, wird sich unser Leben grundlegend ändern. Das Ausmaß in dem es uns helfen kann, hat keine Grenzen. Um es zu verstehen, müssen wir vieles vergessen, was wir zu wissen glauben und versuchen alle Dinge auf neue Weise zu betrachten. Denn die Antwort war nicht da, wo wir sie gesucht hatten, sonst hätten wir sie schon vor langer Zeit gefunden.

Wenn wir wirklich verzweifelt sind, dann fragen wir uns vielleicht, ob wir irgendwo auf dem Pfad unseres Lebens falsch abgebogen sind. Und genau diese Frage sollten wir uns schon jetzt stellen, wenn wir unser Leben nicht gerade in vollkommener Liebe, in tiefem Frieden und voller Glück verbringen. Aber wer mag schon gerne zugeben, sich geirrt zu haben? Meistens werden wir unsere Entscheidungen so lange es geht rechtfertigen, nur um nicht selbst verantwortlich zu sein. Wenn wir darauf bestehen unschuldig zu sein, müssen wir uns folgerichtigerweise als das Opfer äußerer Umstände betrachten. Auf diese Weise haben wir zwar unsere Unschuld gerettet, aber die Macht unser Leben zu bestimmen, fortgeworfen. Und viele verbringen ihr Leben auf diese Weise als Opfer, weil sie glauben, sie könnten so vor der Verantwortung am eigenen Versagen fliehen. Warum haben wir solche Angst vor Verantwortung und Schuld? Warum ist es so schlimm zu versagen? Wer sollte uns verurteilen? Diese Ängste könnten eine Ursache haben, die viel tiefer reicht, als wir ahnen. Vielleicht haben sie mit unserem verschütteten und vergessenen Verhältnis zu Gott zu tun. Wir wollen nicht mehr wie die Menschen früherer Zeiten glauben, dass unsere Seele ein weites Meer ist, auf dem wir verloren gehen können und das dennoch unser Zuhause ist. Wir glauben nur ein kleines Ich zu besitzen, das einem riesigen Universum entgegensteht und das sich nur mit Hilfe ausgefeilter Techniken und vieler Sicherheitsvorkehrungen gegen dieses schützen kann. Was wäre aber, wenn uns jemand sagte, dass wir uns vollkommen geirrt haben? Was wäre, wenn all unsere Meinungen und Urteile nichts bedeuteten? Wenn wir diese These, die der Kurs vertritt, einmal für einen Moment wahr sein lassen, was würde sich verändern? Wenn wir uns vollkommen geirrt haben, dann hieße das, dass wir wie Blinde in einer Welt herumirren, die wir nicht kennen und von Kräften herumgestoßen werden, die wir mit falschen Namen benennen, als würden wir sie kennen. Vielleicht haben einige von uns schon einmal dieses Gefühl gehabt. Wenn das so ist, dann sollten wir uns fragen, warum wir dann eigentlich noch am Leben sind. Die Antwort, die der Autor des Kurses auf diesen Widerspruch gibt, ist, dass wir sicher im Himmel schlafen, während wir hier von Gefahr und Tod träumen. Der Kurs weist uns dann auf einen Weg zu Träumen ohne Angst hin, die letztlich zum Erwachen führen werden.

Er verspricht es uns einen Pfad zu eröffnen, von dessen Bestehen wir zuvor nichts ahnten, einen Pfad der Pracht, Erhabenheit der Szenerie und von gewaltigen Ausblicken, die sich beim Voranschreiten vor einem öffnen. Doch selbst diese Ausblicke, deren Glanz unbeschreibliche Höhen erreichen kann, soll noch hinter all dem zurück bleiben, was am Ende des Pfades auf uns wartet. Dieser Pfad führt hin zur Liebe, aber was Liebe wirklich ist und was sie für uns sein wird, werden wir erst Stück für Stück auf dem Weg verstehen und erst am Ende ganz und gar.

Der Kurs versucht von Dingen zu sprechen, die jenseits unseres Begriffsvermögens liegen und noch mehr, er versucht unser Denken auf eine Art zu schulen, durch die wir die Schau von einer anderen Welt erlangen können.

Der Kurs wurde von Sai Baba, einem indischen Heiligen, die "Vedanta des Westens" genannt. Die hinduistische Vedanta spricht davon, wie die Welt aus dem

Absoluten hervorgegangen war, welche Gesetze das Leben in Raum und Zeit bestimmen und welche Arten von Yoga zur Befreiung aus dem Rad der Wiedergeburt führen können. Weiterhin sagt die Vedanta, dass jeder augenblicklich vom Traum der Welt erwachen kann, wenn er seine eigene Vollkommenheit erkennt, zulässt und im ständigen Gewahrsein verwirklicht.

Der Kurs stimmt nicht in allem mit der Lehre der Vedanta überein, vor allem nicht mit der Idee, dass diese Welt aus Raum und Zeit durch das Ein- und Ausatmen von Brahman/Gott entstehe. Der Kurs ist sich ganz sicher in der Aussage, dass diese Welt nicht von Gott erschaffen wurde und stimmt darin mit der westlichen gnostischen Tradition überein.

Er spricht die Sprache der biblischen Heilsgeschichte, auch wenn er vieles darin umdeutet. Dort, wo er als das erkannt wird, was er ist, verändert der Kurs den Verlauf vieler geistiger Ufer, nicht nur weil er einen direkten Weg zu Gott für unsere Zeit aufzeigt, sondern auch weil er wie erwähnt für sich in Anspruch nimmt, von Jesus selbst zu stammen und damit der Welt zum ersten Mal einen Einblick in dessen Denken zu geben.

Dieser Jesus will der Welt ein Bruder sein und ein Führer hin zum Erwachen und zum inneren Frieden. In einer Zeit, in der das westliche Christentum an Bedeutung verliert, kehrt die Gestalt des Nazareners in Form einer universellen und kompromisslosen Botschaft zurück, die uns auffordert Verantwortung für die Welt zu übernehmen und vom Traum der Zeit zu erwachen.

Wie es Jesus vor zweitausend Jahren von seinen Jüngern verlangte, sollen auch wir das eigene Denken und damit unser Leben ändern. Obwohl die Betonung im Kurs auf der Lehre Jesu liegt und nicht so sehr auf seiner Person, ähnlich wie bei den „Leuten von Q", den ersten Judenchristen, die nur eine Spruchsammlung Jesu benutzten, um in der Freiheit der Kinder Gottes zu leben, so wird der Glaube an Jesus als Erlöser hier nicht in Frage gestellt. Der Kurs stellt jedoch klar, dass Christus viele Formen annehmen kann und dass jeder letztendlich der Erlöser seines eigenen Traumes sein muss, um frei zu werden. Wir können und müssen Jesus also als Seelenführer und Wegbegleiter in Anspruch nehmen, denn ihm obliegt der ganze Prozess der Erlösung. Aber letztendlich werden wir unseren Platz im „Obergemach" an seiner Seite einnehmen, als Kinder

Gottes, als Gleiche unter Gleichen; einen Platz, den niemand sonst einnehmen kann, denn er gehört für immer einem jeden von uns, denn wir alle vervollständigen Gott in unnachahmlicher Weise. Wir sind als Teil von Gottes Geist zwar gleich, aber doch nicht das Selbe, denn wir haben alle ein einzigartiges Seelenlicht und das unaussprechliche Prisma der Lichtblume der Schöpfung braucht alle Lichter, um der vollständigen Idee Gottes von ihr Ausdruck zu verleihen.

Der Kurs wirbt daher dafür, Jesus wieder als Weggefährten und Freund in das eigene Leben einzuladen. Obwohl der Kurs die Lehre Jesu von allen falschen Opfergedanken befreit, verlangt er durchaus ein Opfer das groß erscheint, sogar größer als dasjenige, das in der traditionellen christlichen Lehre verlangt wird: Die Aufgabe aller Träume von den Dingen der Welt als eines Lebensziels und ihren Austausch gegen etwas Anderes, fast Unbekanntes, kaum Erinnertes, den Himmel. Ein Opfer dieser Art ist allen Menschen schon wohlbekannt. Wer sich für einen Partner entscheidet, muss sich gegen alle anderen entscheiden, wer eine Anstellung annimmt, lässt sich alle weiteren Chancen entgehen und wer sich überhaupt nicht entscheidet, geht am Ende ganz leer aus. Jede Entscheidung scheint uns der Freiheit zu berauben, über die wir verfügten, solange wir uns nicht entschieden hatten. Der Kurs stellt dies in Abrede. Er sagt, dass nur *eine* Entscheidung uns von unserer selbstverschuldeten Gefangenschaft befreien kann, eine Entscheidung für das Schöne, Wahre und Gute, für unser wirkliches Zuhause.

Was können wir im Zusammenhang des Kurses über den Glauben an die Hölle sagen? Auch ohne den Kurs hat sich der Glaube an die Hölle in der Moderne bereits verflüchtigt, seitdem sich in der Gesellschaft herum gesprochen hatte, dass Bestrafung selten eine Hilfe darstellt und kaum zur Besserung führt, sondern zum Rückzug in Schuld und Projektion. Projektion bedeutet, dass der Geist die eigenen verdrängten Gefühle, wie Schuld, Hass und mangelndes Selbstwertgefühl in anderen Menschen zu sehen und dort anzugreifen versucht. Es gibt aber andererseits auch ein zunehmendes Erkennen der Notwendigkeit des Lernens eigener Verantwortung in der modernen Pädagogik. Es ist für Heranwachsende wichtig, dass sie mit den Folgen des eigenen Handelns konfrontiert werden. Der Kurs betont, dass dieser Erziehungsprozess das Leben auf der Erde selbst ist. Wir können uns selbst nicht entkommen, was eine sehr ernüchternde Erkenntnis sein kann. Die Heilung unserer dunklen Seite kann durch Ehrlichkeit, frei gegebene Liebe und Gebete um Hilfe vollbracht werden. In der Sprache des Kurses werden unsere Bitten um Hilfe mit Wundern beantwortet, wenn wir unseren Teil an ihnen vollbracht haben, wobei das größte Wunder die Änderung unseres Geistes ist.

Die Kirche gründete ihre Religion auf der Idee des Opfers, genau wie es das Judentum bis ins Jahr 70 getan hatte, als der Tempel während eines Aufstands gegen die Römer zerstört wurde. Der Apostel Paul hatte der Versuchung nicht widerstehen können, die Kreuzigung Jesu in einen Sieg umzumünzen. Die Kreuzigung war jedoch eine klare Niederlage aller Beteiligten gewesen, eine Niederlage des Synhedrions, der jüdischen Ratsversammlung, die einen Unschuldigen verurteilt hatte, von Jesus, der als Prophet gekommen war, um eine ganze Gesellschaft zur Umkehr aufzurufen und sie war auch eine Niederlage der Jünger, die sich plötzlich auf ihre Ängste und ihre Mittelmäßigkeit zurückgeworfen sahen.

Das konnte Paulus so aber nicht stehen lassen. Er verband den jüdischen Opferritus des „Sündenbocks" mit dem Geschehen am Kreuz. Das war ein alter Brauch, der zum jährlichen Jom-Kippur-Fest in Jerusalem durchgeführt worden war. Ein Ziegenbock wurde von dem Hohepriester symbolisch mit den Sünden des Volkes beladen und dann in die Wüste gejagt. Für Paulus hatte nun Jesus diese Funktion übernommen und war für die Sünden der Menschen sogar gestorben. Und irgendwie schien Gott dieses Opfer gewollt zu haben. Damit hatte Paulus zwar die Idee verteidigt, dass alles nach Plan verlaufen war und Jesus als Gottessohn nicht hatte scheitern können. Die Idee des Opfertodes konnte aber die Angst vor Gott nicht vollkommen überwinden helfen, sondern beschwor eher die Gefahr herauf, sie aufrechtzuerhalten und immer wieder zu erneuern. Wenn Jesus für die Sünden der Menschen hatte sterben müssen, dann mussten diese wirklich sein. Und wirkliche Sünde kann nicht aufgehoben werden, außer durch einen magischen Akt. Darum wird im Christentum mit dem jüngsten Gericht gedroht, das geschehen wird, wenn Gott der Geduldsfaden reißen und er am Ende der Zeit seine rächende Hand ausstrecken wird, um alle Sünder ins ewige Feuer zu werfen.

Die Idee, dass Blut wie bei der Kreuzigung vergossen werden muss, damit Leben gedeihen kann, geht auf frühere Zeiten zurück, als die Mutter Erde noch als eine lebendige Göttin verstanden worden war. Den Menschen war schon früh aufgefallen, dass die weibliche Menstruation aufhörte, sobald eine Frau schwanger war. Die Menschen glaubten nun, dass der Embrio das Blut der Mutter verzehre, um aufzuwachsen. So schlussfolgerten sie, brauche auch Mutter Erde Blut, um die nächste Ernte gedeihen zu lassen. Daher opferten sie Pflanzen, Tiere und auch Menschen. Im Judentum war das Tieropfer im Tempel dagegen als Sühne für die Sünden des Volkes verstanden worden, wie auch das Ritual des Sündenbockes. Der Grundgedanke war auch dort, dass Schuld wirklich war, und dass jemand für sie bezahlen musste. Niemand kann der Idee der Schuld entkommen, solange er die Welt für wirklich hält, sagt der Kurs. Und wer kann an der Wirklichkeit der Welt zweifeln, solange er kein Werkzeug besitzt, das ihn eine andere Wirklichkeit sehen lässt?

5. Akzeptanz der eigenen Unschuld

Im Kurs gibt Jesus der Kreuzigung eine andere Deutung, die frei von Angst ist. Die Erlösung wurde danach nicht durch die Kreuzigung erwirkt, sondern durch die Auferstehung. Diese stellte die Überwindung des Todes dar und ist der Beweis für die unzerstörbare Unschuld der Kinder Gottes. Die Annahme der Sühne, zu der der Kurs uns immer wieder aufruft, bewirkt die Akzeptanz der eigenen Unschuld und der Identität in Gott, zu der Jesus erwachte. Dieser Glaubensakt steht jedem traditionellen Christen genauso offen wie dem Schüler des Kurses. Die Erfahrung der bereits vollbrachten Erlösung wurde auch Martin Luther in seinem Turmerlebnis zuteil. Warum ist diese Annahme der inneren Unschuld uns dann nur so schwer möglich, wenn uns damit doch die Freiheit geschenkt wird? Viele von uns identifizieren sich viel mehr mit der Idee schuldig zu sein, als wir es wahrhaben wollen. Darauf beruht unser ganzes Selbstverständnis. Vieles in unserem Leben tun wir nur, um diese ursprüngliche Schuld zu sühnen. Wenn wir versuchen „gut" zu sein, es jemandem Recht zu machen oder uns Anerkennung zu verdienen, ist dies sicher der Fall. Viele bemühen sich ihr ganzes Leben lang um diese Dinge.

Woher kommt aber dieses Gefühl der Schuld, wenn es uns doch nicht mehr von der Religion anerzogen wurde? Im Kurs heißt es, dass sich im tiefsten Bereich unserer Psyche eine brennende Liebe zu Gott verbirgt. Diese Liebe soll so stark sein, dass wir in den Himmel springen würden, wenn wir uns an sie erinnerten. Eine beängstigende Vorstellung für viele. Darum haben wir über diese Liebe unsere tiefste Schuld gelegt, denn als wir diesen Traum erschufen, fühlten wir uns bereits schuldig vor Gott und wollten daher sicherstellen, dass wir niemals in den Himmel zurückkehren würden. Um der Bestrafung Gottes zuvorzukommen, erschufen wir unseren eigenen strafenden Gott, das Ego.

Was ist nun die tiefste Schuld? Es ist der Gedanke, dass jeder einzelne sich selbst und damit seinen Anteil am kosmischen Geist Gott gestohlen hat und damit die Einheit des Himmels zerstörte. Darum glaubt ein jeder von uns irgendwo, dass Gott hinter ihm her sei, wie der dunkle Mann, der Kinder manchmal in ihren Träumen verfolgt. Der einzige Grund, warum Gott uns noch nicht erwischt hat, ist nach diesem Szenario nur der, dass wir so viele sind hier auf der Erde. Er mag andere gefunden haben, aber uns noch nicht. Aber spätestens im Augenblick unseres körperlichen Todes wird es kein Entkommen mehr gehen und wir werden wie auf einer Wasserrutsche unaufhaltsam in die Hände Gottes gespült werden. (Und es ist besser damit so lange wie möglich zu warten, denn man weiß ja nie.) Die Erkenntnis der eigenen Unschuld kehrt dieses auf dem Kopf stehende Glaubenssystem um und öffnet es für die Heilung.

6. Das Ziel der Veränderung des Geistes

Der Kurs stellt ein in sich vollkommen folgerichtiges Denksystem dar, wie in der ursprünglichen Lehre Jesu, in der jeder Teil für das Ganze steht, wie es bei einem Hologramm der Fall ist und auch im Universum. Wie bereits erwähnt, kann dieses Denksystem mit dem Verstand nur schwer verstanden werden. Der Verstand muss auf andere Art zu denken lernen, indem er beiseite tritt und es dem Geist erlaubt, in stillem Gewahrsein die beglückende Offenbarung der eigenen Unschuld und göttlichen Identität aufdämmern zu lassen. Der Kurs leistet dies durch seinen Übungsteil. Dieser ist ein einzigartiges Praxissystem des neuen Denkens für dieses Zeitalter. Nachdem der Schüler diese Transformation unter der inneren Führung des Heiligen Geistes vollbracht hat, befindet er sich in einer neuen Welt, in der die Sorge um sein Leben von ihm abfällt, da sich jemand anderer seiner angenommen hat. Damit wird ein tiefer innerer Konflikt von ihm genommen. Da er nicht mehr um sein Schicksal fürchten muss, kann er beginnen ohne Angst zu agieren und sich wieder an seine Träume erinnern. Anstatt seine wirkliche Leidenschaft zu

Gunsten der Erleuchtung zu verleugnen, sollte der Schüler sie dem Heiligen Geist geben und für das Erwachen nutzen lassen. Ein konfliktfreier Geist kann Gott und der Menschheit dienen und seine Leidenschaft als Mensch ausdrücken. Jeder von uns sollte ein Künstler sein und seine alten Bilder wieder aus der Mottenkiste hervorholen, um sich aufs Neue in das Abenteuer der Kreativität zu stürzen. Das Ego kämpft mit Hilfe des inneren Kritikers gegen jede Art von Kreativität an, weil diese ein Weg ist, Begrenzungen zu transzendierten und sich an Gott zu erinnern. Das Ego lebt von unserer Abtrennung von der Welt und von uns selbst. Verbindung und Ausdehnung, sowie freier Selbstausdruck überwinden das Ego.

Dieser Kurs erreicht sein Ziel der Veränderung des Geistes dadurch, dass er uns auf eine vollständige Vergebung aller Dinge vorbereitet, die in unserem Leben falsch gelaufen sind. Die im Kurs vertretene Idee, dass Vergebung eine Entscheidung ist, wird von der heutigen Psychologie bereits anerkannt. Jesus hatte sie schon vor zweitausend Jahren gelehrt. Darüber hinaus sagt Jesus, dass wir uns nur dann an Gott erinnern können, wenn wir unseren Nächsten und uns selbst als Teil von selbst Gott sehen. Der Kurs erteilt daher allen Überzeugungen eine Absage, die Gott als ein objektives, seiner Schöpfung gegenübergestelltes und getrenntes Wesen beschreiben. Die meisten, die als Christen erzogen wurden, haben sich Gott so vorgestellt. Sie fühlten sich bei ihren Kinderstreichen vielleicht von einem Dritten beobachtet, was vielen von uns gehörig den Spaß verderben konnte, wenn wir die Straßen unsicher machten.

Eine Geschichte von einem kleinen Mädchen, das bei seiner frommen Großmutter aufwuchs, berichtet, dass diese alte Frau immer wieder mit dem lieben Gott drohte, wenn sie bei der Erziehung der Kleinen an ihre Grenzen stieß. Dieses Mädchen wollte nie bei sonnigem Wetter hinausgehen und wenn, dann nur mit einem breitrandigen Hut, so dass Gott sie nicht sehen konnte. Darüber redete sie aber nicht. Die Sache kam erst durch die Intervention einer Psychologin heraus. Wir alle haben versucht uns vor diesem Gott zu verstecken. Die meisten von uns haben sich Strategien der Selbstverteidigung zugelegt, um unser Versagen zu begründen, das darin zu bestehen scheint, dass wir nicht liebevoller, vollkommener oder heiliger sind. Oder wir haben uns in eine Opferrolle geflüchtet, um nur nicht selbst für unser Leben verantwortlich zu sein. Viele von uns haben

Gott als ganzes über Bord geworfen, weil wir diesen verurteilenden Blick Allvaters nicht mehr ertragen wollten und alleine besser im Leben klarzukommen glaubten. Das hat das Problem aber nicht gelöst, weil wir, wenn wir ehrlich sind, noch immer auf Hilfe angewiesen sind. Man braucht sich nur die Welt von Heute anzusehen. Haß und Chaos haben ganze Länder im Nahen Osten und in Afrika verwüstet. Die Folgen unserer Zivilisation sind uns schon vor Jahrzehnten aus den Händen geglitten. Nun können wir nur noch auf ein paar Jahre in Frieden und Wohlstand hoffen. Die zukünftigen Generationen aber werden eine andere Welt von uns erben, eine Welt in der wir nicht leben wollten. Ohne Gott sind wir als Einzelne und als Zivilisation verloren. Leider lernen wir dies gewöhnlich erst, wenn es gar nicht mehr anders geht.

Verantwortung zu übernehmen ist ein Weg zurück zur eigenen Ganzheit. Wer wird sich aber diese Verantwortlichkeit zutrauen, es sei denn, ihm wurde zuvor versichert, dass er nach wie vor unschuldig ist? Gott hat bessere Dinge zu tun, als dem Versagen seiner Kinder zuzusehen und sie dann auch noch dafür zu bestrafen. Er hat seine Schöpfung in sich selbst gebettet, in einen Ort, an dem wir von Versagen nichts wissen. Das Konzept der Schuld existiert in seinem Geist gar nicht. Wir befinden uns jedoch in dieser Welt aus Zeit und Raum in einer Situation, für die wir nicht geschaffen wurden und wo wir daher schlecht funktionieren müssen.

7. Zweites Gespräch Jesu mit Luzifer

Karneval in Venedig 1499, Markusplatz, Feuerwerk, wildes Geschrei, verrücktes Volk in Masken, eine menschliche Pyramide von jungen Männern, anmutige Tänze von jungen Männern und Frauen, alle in Masken und prächtigen Kleidern, Luzifer als Teufel verkleidet, Jesus als Gaukler.

L: „Und dies alles, dieses ganze Gewirbel, soll ein Traum sein, soll wie der Schaum des Meeres vergehen, ohne Spuren im Geiste des Allmächtigen zu hinterlassen?"

J: „Ja, du sagst es. Er vergeht wie Meeresschaum, ohne eine Spur zu hinterlassen. Du die Liebe, die alles hier bewegt, die bleibt für immer."

L: „Und dann sagst du, all diese Leute seien Götter? Teil der Ausdehnung des Allmächtigen?"

J: „Ja, denn es gibt kein Leben außer dem Seinen."

L: „Aber es ist Unsinn zu sagen, dass die Leute noch immer eins mit Gott sind. Dies ist das Paradies des Teufels und ich genieße es in der Tat. Der Teufel scheint in diesem Rausch aus Liebe und Lust für immer gewonnen zu haben. Erde und Himmel vereint, wie wunderbar! Aber morgen früh, wenn die Leute mit einem schweren Kater aus ihren zerwühlten Betten kriechen, werde ich ihnen nicht nur Schuldgefühle einreden. Ich werden ihnen auch sofort ein eine neue Vision des Glücks in der Zukunft vorgaukeln, um sie beschäftigt zu halten, während deine leise Stimme sie vergebens zu Gott zurück rufen wird. Sie sind so weit von Gott entfernt wie ich."

J: „Du hast Recht, was das Erleben der Leute und dein eigenes anbelangt. Aber ganz tief in dir weißt du um die Wahrheit: Obwohl du seit deiner Rebellion schon für ein paar tausend Jahre vom Himmel in die Tiefe stürzt und fällst und fällst und fällst, hast du dich noch keinen Zentimeter von der Quelle allen Lebens entfernt, wie auch diese Leute nicht."

L: „Du bist wirklich ein Narr Gottes, Jesus. Wirst du das auch im 20. Jahrhundert sagen können, mit all seinen Greueln, die alles bisher Dagewesene in den Schatten stellen werden?"

J: „Was wahr ist, muss für immer wahr sein, egal wie intensiv sich deine Illusionen von Inferno und Verzweiflung in Szene setzen. Illusionen kann man nicht aufaddieren, sie bleiben bedeutungslos, egal in welcher Zahl sie sich präsentieren. Um das Leid der Menschen werde ich noch viele Tränen vergießen, das ist wahr. Und doch bleibt mein Vertrauen in einen jeden von ihnen bestehen; darauf dass er eine andere Wahl treffen und nach Hause kommen wird, wo alle Tränen getrocknet werden, für immer. Diese Entscheidung kann ich niemandem abnehmen, auch dir nicht, mein Freund."

L: „Wenn ich das nur glauben könnte. Aber ich habe noch genug zu tun. Es gibt hier einfach zu viele, die mir nur allzu gerne zuhören. Wenn du alle überzeugt hast von der Heimkehr und ich mich selbst nicht mehr ertrage in der Einsamkeit der Welt, dann werde ich vielleicht einmal an die Pforte klopfen und nach dir rufen. Denn einen Freund kann ich dann wohl gebrauchen."

J: „Na mal sehen, ob ich mich dann noch an dich erinnere."

L: „Wenn nicht, ist auch nicht schlimm. Ich bin es gewohnt, außerhalb des Himmels zu tanzen. Und selbst der ewige

Tod schreckt mich nicht. Was ist schlimm daran, nicht mehr zu existieren? Für mich ist das ewiger Frieden!"

Jesus reiht sich lachend unter die tanzenden Männer und Gaukler und schon bald kann Luzifer ihn nicht mehr von den anderen unterscheiden.

8. Selbstausdehnung ist die Art wie Gott erschafft

Gott erschafft nur wie sich selbst und seine Selbstausdehnung ist die Schöpfung. Alles was Er erschaffen hat, besteht für immer und verändert sich nicht, obwohl es sich weiter ausdehnt und an Freude zunimmt. Mit anderen Worten, Gott hat alle Dinge als Teil seiner Selbst erschaffen und nichts befindet sich außerhalb von ihm. Gott ist das Leben und was lebt ist Teil von ihm. Gott hat die Welt demzufolge nicht gemacht, da das Leben weder geboren wird, noch sterben kann. Die Paradiesvertreibung der Genesis hat nur in einem Traum stattgefunden, wie es die Kabbalisten, die jüdischen Mystiker, es schon lange hinter verschlossenen Türen gelehrt haben. Die Bibel erwähnt selbst, dass ein tiefer Schlaf über Adam fiel (1. Mose, 2,21-22) und fügt nirgendwo hinzu, dass er wieder erwachte. Der Kurs sagt von Gott, dass er nichts von dieser Welt weiß, sich aber dessen gewahr ist, dass einige seiner Kinder nicht im Frieden sind, weil sie davon träumen, hier zu sein. Er sandte daher seinen Heiligen Geist, als einen Führer zurück zum Himmel. Der Kurs bittet einen jeden auf den Heiligen Geist zu hören und sich von ihm jeden Tag seines Lebens leiten zu lassen. Dieser Heilige Geist ist nichts anderes, als der geeinte Geist von Gottes Sohn selbst. Und Gottes Sohn ist nur Einer, eben derjenige, der diesen Traum träumt und dies jetzt liest. Mit anderen Worten, das ist das Ende der Geschichte, die wir für uns selbst zu schreiben glauben. Wissenschaftler haben festgestellt, dass es beim Fällen von Entscheidungen mit viel weniger Freiheit zugeht als angenommen. Die Tests haben gezeigt, dass zum Beispiel die Entscheidung aufzustehen und einen Kaffee zu trinken schon gefällt war, bevor die Probanden sich dieses Gedankens überhaupt bewusst waren. Es scheint also einen Selbstlauf im Gehirn zugeben, der alle Urteile und Entscheidungen bestimmt und Freiheit nur vortäuscht. Der Kurs nimmt uns dagegen in die Pflicht aus diesem Automatismus auszusteigen. Ist die Entscheidung aus dem Traum aufzuwachen dann auch schon vorher festgelegt worden? Wohl ja. Wer weiß. Mein Meister sagte oft: „The script is written." Das heißt, die Geschichte ist schon zu Ende geschrieben. Wir müssen der Entscheidung aufzuwachen, woher sie auch immer kam, auf jeden Fall treu bleiben und sie nähren, wie wir eine kleine zarte Pflanze begießen würden.

9. Die Struktur des Kurses

Der Kurs besteht aus drei Büchern, dem Lehrbuch, dem Übungsbuch und dem Lehrerhandbuch. Das Lehrbuch beschäftigt sich mit den abstrakt-philosophischen Grundlagen des Kurses. Es beginnt mit der Zusammenfassung der gesamten Lehre des Kurses in der Präambel: Nichts Wirkliches kann bedroht werden, nichts Unwirkliches existiert, hierin liegt der Frieden Gottes. Wer diese Worte als wahr akzeptiert und sich selbst mit der Wahrheit jenseits der Erscheinungen identifiziert hat, kann die Erfahrung des Himmels gleich jetzt machen und braucht den Rest des Kurses nicht mehr zu lesen. Für die anderen beginnt der eigentliche Text des Lehrbuches mit den Wundergrundsätzen. Wunder bedeuten in diesem Kurs keinen Bruch in den Naturgesetzen. Sie stehen stattdessen für einen Kollaps im Raum-Zeit-Gefüge, welcher alle Beteiligten der Erlösung näher bringt, und das auf Irrtum beruhende Gefühl des Mangels aufhebt. Ein Wunder ist ein Moment vollkommener Kommunikation und dies ist der Weg aus der Trennung hin zur Erlösung. Wenn die Welt für einen Moment aus der Kontrolle des Geistes entlassen wird, kann sie neu konfiguriert werden. Wenn alle Dinge zu einer neuen Ordnung finden, ist das Wunder Teil davon, als einer Öffnung oder Lösung, die zuvor nicht vorstellbar war. Wunder sind mit anderen Worten eine vorübergehende Wiederherstellung der Gesetze des Himmels in dieser Welt.

9.1. Das Textbuch

Im Textbuch (Kapitel 6) werden drei Stufen des spirituellen Erwachens beschrieben.

Der erste Schritt enthält die Aufforderung: Um zu haben, gib allen alles. Da das Denken der Welt auf dem Haben-Prinzip beruht, wie dem Besitz von Liebe, Identität, Wissen, Anerkennung und Geld, muss der Kurs das Gegenteil lehren, wenn die Überwindung der Welt sein Ziel ist. Sich selbst fortzugeben, dem Universum und allen Wesen zu dienen, wie es Jesus uns nahelegt, hat nichts mit Opfern zu tun. Wer Liebe gibt, erfährt, dass Liebe in ihm ist. Wer Aufmerksamkeit gibt, erkennt, dass er nicht allein ist. Wer von seiner Zeit gibt, erkennt, dass er von der Zeit frei ist. Da die Kinder Gottes als *alles* erschaffen wurden, sich aber durch ihr Zusammenziehen des Gewahrseins ihrer Identität beraubten, müssen sie lernen sich auszudehnen, um sich wieder daran zu erinnern, wer sie sind und was sie haben. Der Heilige Geist ist dabei der innere Berater, der nur Dinge verlangen wird, die der Schüler ohne zu große Angst ausführen kann. Die Aufhebung des inneren Konflikts ist hier das Ziel. Dass dabei verschüttete Gefühle hochkommen werden ist sehr wahrscheinlich. Wir alle stecken voller Wut, wenn wir uns auf den Weg machen. Das ist der normale Zustand des Menschen auf dieser Erde. Wichtig ist es nur sich nicht mit diesen Gefühlen zu identifizieren, sondern sie durch den Atem in der Körpermitte aufsteigen zulassen. Es ist auch wichtig dabei den eigenen Interpretationen keinen Glauben zu schenken. Das Fühlen selbst ist ein Akt der Befreiung. Das normale Denken versucht den Schüler wieder in die Vergangenheit zurückzuziehen. Es muss deshalb mit Bewusstheit auf sanfte Weise transzendiert werden.

Es wird nicht verlangt die Dinge fortzugeben, die sich in unserem persönlichen Besitz befinden, auch nicht Geld. Es wird im ganzen Kurs nur sehr selten über konkrete Verhaltensweisen gesprochen. Es geht hier viel mehr um den Umgang mit dem eigenen Geist und den Gedanken. Das Fortgeben von Gedanken führt zu einer Bereitwilligkeit zum Lernen aus der Leere heraus, die durch das Fortgeben entstanden ist. Die Leere lehrt auf eine neue Art und Weise, die sich später im Gewahrsein eines allumfassenden Seins kundtun wird.

Die nächste Anweisung ist: Um Frieden zu erlangen, lehre Frieden, um ihn zu lernen. Wer nur nach Frieden sucht, wird Frieden finden und ihn an andere weitergeben. Dabei wird er sich mehr und mehr an den inneren Frieden erinnern, der Teil seiner Identität ist. Dies wird immer dann schwierig sein, wenn andere „unsere Knöpfe drücken". Wie können wir uns verhalten, wenn andere uns anzugreifen scheinen? Können wir uns wehrlos verhalten, ohne uns selbst zu verraten? Wie auch immer das Verhalten in solchen Situationen aussehen mag, die eigentliche Frage ist immer wieder, ob wir den inneren Frieden bewahren können: Wenn wir es nicht können, dann deshalb, weil wir glauben, bedroht zu sein und etwas von uns verteidigen zu müssen. Was wäre, wenn wir in der Liebe blieben, in der Gewissheit, dass das was wir sind unangreifbar und allumfassend ist? Wenn wir Liebe auf diese Weise lehren, können andere uns folgen und sich ebenfalls für das Glück entscheiden. Es ist jedoch die schwierigste Übung des Kurses und der ganzen Spiritualität, dies zu tun. Jesus hat ein dramatisches Zeugnis der Fähigkeit, unter allen Umständen in der Liebe zu bleiben abgelegt und bittet uns nun dasselbe unter weniger offensichtlichen Angriffen zu tun. Dass es für uns leicht sein wird, hat er nicht gesagt.

Aber nur wenn wir aufhören, uns zu verteidigen, können wir lernen, dass wir nicht das kleine Selbst sind, das der Verteidigung bedarf. Dann zeigt sich, was wir wirklich glauben. Es ist leicht klug zu reden und eine spirituelle Aura um sich zu verbreiten, aber wirkliche Selbstsicherheit haben bis jetzt noch die Wenigsten erlangt. Weltliche Menschen sind oft weniger selbstzentriert und empfindlich als die sogenannten spirituellen Sucher. Über das Stadium dieser narzi-stischen spirituellen Selbstzentrierung kann nur Demut und Dankbarkeit hinausführen.

Die dritte Anweisung lautet: Setze deine Wachsamkeit nur für Gott und Sein Reich ein. Diese Anweisung wird sich auf dem Weg, den dieser Kurs vorzeichnet, leichter und leichter ausführen lassen, weil der Schmerz der Gedanken der Trennung und der Angst weniger und weniger tolerierbar sein wird. Letztendlich wird die Wirklichkeit des Himmelsreiches, die bereits in jedem Geist auf Erden gegenwärtig ist, alle fremden Gedanken hinwegleuchten. Dies bedeutet ganz konkret, es abzulehnen in Fantasien von Verurteilung und Rache irgendwelcher Art zu schwelgen und sich stattdessen an das höhere Selbst zu wenden, um den Frieden wiederzufinden.

Den Willen Gottes in jedem Moment ausführen zu wollen ist die beste Art und Weise den inneren Frieden zu bewahren.

Im neunzehnten Kapitel spricht das Lehrbuch über Hindernisse vor dem Frieden. Wir sind die Seher der Welt. Wenn wir eine Welt des Friedens sehen wollen, muss der Frieden von uns nach außen ausgedehnt werden. Das wird er von selber tun. Aber er wird auf Hindernisse stoßen, die wir oder andere ihm in den Weg legen. Was tun wir nicht alles um den Frieden Gottes nicht zu empfangen, weil wir ihn mit dem Tod gleichsetzen und Angst vor Gott haben? Diese Antworten gehen vielleicht tiefer, als die heutige Psychologie sich vorgewagt hat. Wer wird in einer Therapiesitzung schon darüber reden, dass die Angst vor Gott zu einem inneren Kampf führen muss, der sich gegen Kräfte richtet, die weit mächtiger sind als unser kleines Ich und welcher daher niemals gewonnen werden kann? Es ist besser dies anzukennen, als dies auf die Erziehung zu schieben oder den wirklichen Konflikt zu bagatellisieren.

Das erste Hindernis auf dem Weg zum Frieden ist überraschenderweise unser Wunsch sich seiner zu entledigen. Wir wollen den Frieden nicht, weil uns die

Schuld lieber ist, an der wir stattdessen festhalten. Wir wollen den Frieden nicht, weil er bedeutet die kleine Mauer zwischen uns und den anderen einzureißen. Wir wollen aber diesen kleinen Teil des Geistes für uns selbst bewahren. Dem Bruder vollständig zu vergeben hieße für uns, auf das Privileg zu verzichten private Gedanken zu haben. Wir haben aber bereits erwähnt, dass dieser Strom privater Gedanken praktisch ohne unser Zutun durch unseren Geist strömt, wie ein Schlauch, der uns fortlaufend mit vorgekauter Nahrung versorgt, die direkt in unseren Magen geleitet wird, ohne dass wir sie schmecken und auswählen können. Von Privatheit ist da gar keine Spur mehr. Wir haben alle nur ein etwas anderes Programm, das den scheinbaren Unterschied unserer Charaktere ausmacht. Aber all diese Ego-Programme stellen die Prämisse nicht in Frage, dass wir allein und getrennt sind und auf das Ego hören müssen, um in dieser Welt zu überleben.

Jesus sagt dagegen ganz klar, dass wir dem Heiligen Geist in unserem Geist ein Heim anbieten müssen, um selbst Geborgenheit zu erlangen. Solange wir nach Schuld in der Welt suchen, werden wir in Angst und Schrecken in einer verurteilten Welt leben. Wir haben aber die Möglichkeit stattdessen die Sendboten des Heiligen Geistes auszusenden, um nach den kleinsten Anzeichen für Liebe Ausschau zu halten. Wenn wir das tun, heißen wir den Frieden Gottes in uns willkommen und haben das erste Hindernis vor dem Frieden überwunden.

Das nächste im Kurs beschriebene Hindernis ist die Anziehungskraft des Körpers. Wer als Mensch auf der Erde lebt, wird sich meistens damit identifizieren in einem Körper zu leben und ein Körper zu sein. Diesen Körper für einen unendlichen Raum voller Licht und Frieden aufzugeben, mag für die meisten von uns eine beängstigende Vorstellung sein. Aber Jesus verlangt genau das: Dass wir es dem inneren Frieden erlauben, sich in das Universum auszudehnen und damit den Himmel wieder in unser Gewahrsein zu bringen. Aber wir sind dafür noch nicht bereit, sonst wären wir nicht mehr hier. Wir glauben, dass das Opfer des Körpers und seiner Freuden zu groß wäre, um sie gegen etwas einzutauschen, das wir nicht kennen und das uns in seiner Größe, Tiefe und Leere Angst macht. Jesus betont aber, dass der Verlust des Körpers kein Verlust ist, sondern ein Ende von Begrenzung und Schmerz. Natürlich hat ein voll im Körper inkarniertes Leben seine eigene Würde, um die uns sogar manche Engel beneiden mögen. Voll im Körper zu sein und nichts in ihm und der Welt abzulehnen, führt daher zu einem Sein ohne Begrenzungen. Wer die Abwehr aufgegeben hat, für den spielt es keine Rolle, wo er sich in Gottes Universum befindet. Die Welt kann ihn nicht zurückhalten, selbst wenn er hier auf der Erde lebt.

Wie kann nun der Frieden in uns einziehen? Für den Kurs der Wunder ist es die heilige Beziehung von der dieser Frieden ausgehen muss. Ein einzelnes Individuum kann dies nicht vollbringen. Damit erinnert dieser Kurs an *das Dialogische Prinzip* von Martin Buber, was besagt, dass wir für die Erlösung einander brauchen.

Das dritte Hindernis, das der Frieden in seiner Ausdehnung überwinden muss, ist die Anziehungskraft des Todes. Alle die den Tod fürchten, sind in Wahrheit zu ihm hingezogen. Der Tod wird als der geheime Erlöser von dem inneren Zwiespalt des Menschseins gesehen und noch mehr als Retter vor der Annäherung des Lichts und der Wahrheit. Der Mensch an unserer Seite, im Kurs „Bruder" genannt, kann der Befreier von der Anziehungskraft des Todes sein, wenn ihm vergeben worden ist. Wenn wir uns entschließen, das wahre Licht des Nächsten zu sehen, anstatt seine Körperlichkeit und seine Sünden, dann werden all die dunklen Gestalten, die wir gemacht haben um uns in der Trennung zu halten, aufstehen und uns beschwören, nicht ins Licht zu schauen, wie im Kurs bildhaft beschrieben: Das „heilige" wächserne Gesicht des Todes, die süße Anziehungskraft von Sünde und Schuld und schließlich das Ego selbst, dem wir mit Blut geschworen haben, es nie zu verraten. Und mit der Ankunft des Lichts wird all das verschwinden und vergessen sein. Genau dies ist der Grund für unsere seltsame Scheu einen anderen wirklich mit voller Aufmerksamkeit anzusehen, denn das Antlitz des Nächsten ist die Tür zum Himmel.

Das vierte und letzte Hindernis für den Frieden ist die Angst vor Gott selbst, die verrückteste Idee, zu der die Menschen nach Jesus überhaupt fähig sind. Denn Gott ist für alle Wesen im Universum ohne Frage die alles liebende Quelle, beschützend und fürsorglich für immer. Diese zu fürchten bedeutet, in der Finsternis eines verrückten Traumes gefangen zu sein, aus dem es nur dann ein Entkommen gibt, wenn von außen Hilfestellung gewährt wird. Jesus macht aus der Angst vor Gott keine große Sache, denn sie hängt direkt mit den drei vorherigen Hindernissen zusammen. Wenn die Anziehung des Todes ihre Anziehungskraft verloren hat und stattdessen das Leben zelebriert wird, dann muss die Erinnerung an Gott von selbst in unserem Geist aufdämmern. Das Antlitz des Bruders, dem vergeben worden ist, wird zum Angesicht Christi selbst, nun nicht mehr blutverschmiert, wie unter den verurteilenden Blicken des Ego, sondern im Widerschein des Himmels leuchtend. Die Angst, die dieses Hindernis aufgerichtet hat, löst sich auf, wenn sich der Geist an seine Sehnsucht an die Liebe dahinter erinnert, die größer ist, als jeder Todeswunsch. Das letzte Hindernis zu überwinden ist das gleiche, wie dem Nächsten zu vergeben, vollkommen zu vergeben und sei es auch nur einem einzigen Menschen und damit die ganze Welt für immer zu verändern. Denn davon hing die Welt von ihrem Anbeginn an ab: Von unserer gegenseitigen Angst. Ohne diese kann sie kein Ort getrennter Körper mehr sein und verliert damit ihre Daseinsberechtigung als einer Bastion gegen den Himmel, als eines Angriffs auf die Einheit Gottes und seiner Schöpfung. Wir müssen den Schleier lüften um Befreiung zu erlangen und wir tun das, indem wir unseren Bruder als Teil von uns betrachten, als so sündenlos wie wir selbst und als unverändert seit unserer gemeinsamen Erschaffung durch Gott. Wir sind noch immer so wie Gott uns schuf und daher gibt es nichts zu fürchten. Ohne die Angst vor Gott wird der Himmel seine Pforten öffnen, ob wir nun noch auf der Erde wandeln oder ins Unsichtbare entschwinden.

Das Lehrbuch enthält noch viele weitere Wege, Hinweise und Überlegungen, die das Thema des Erwachens auf unterschiedliche Weise beleuchten. Zum Beispiel erklärt Jesus, dass er dem Schüler die Angst nicht wegnehmen kann. Angst unterliegt der eigenen Verantwortung eines jeden und ist ein Zeichen dafür, dass wir auf die falsche Stimme, nämlich die des Ego, gehört haben. Wer auf die Stimme für Gott hört, wie der Heilige Geist im Kurs genannt wird, wird keine Angst mehr spüren. Das Lehrbuch legt damit eine große Verantwortung in die Hände des Schülers. Dadurch wird eine Art von Spiritualität gelehrt, die mehr dem Buddhismus ähnelt, dem eine solche Selbstverantwortung bereits vertraut ist. Im Christentum wurde dagegen die Abhängigkeit von Gott betont. Selbst im Kurs wird diese Abhängigkeit hervorgehoben. Die Erlösung gründet hier auf der Zusammenarbeit zwischen dem Heiligen Geist und dem Schüler. Dies wurde im traditionellen Christentum so vielleicht nicht gesagt, aber es war meistens klar, das jeder Christ die Erlösung zumindest anerkennen oder an sie glauben muss, um sie sich anzueignen. Im katholischen Glauben ist es die gute Tat, die als entscheidend betrachtet wird, neben den sieben Sakramenten und der spirituellen Anstrengung, in der protestan-tischen Kirche ist es der Glaube an die Erlösung und im Kurs ist es die Entscheidung für Gott, die den Unterschied bewirkt. Im Kurs wird wie im Protestantismus anerkannt, dass die Erlösung bereits geschehen ist. Es wird aber klar gemacht, dass sie in diesem Leben gelebt und ihr Gestalt gegeben werden muss. Damit Erlösung zur Erfahrung wird, müssen bestimmte Voraussetzungen erfüllt werden, die alle um das Thema Vergebung kreisen. Erlösung wurde im traditionellen Christentum durch die Kreuzigung Jesu bewirkt, der sein Blut für die Sünder vergossen hatte. Im Kurs wurde sie durch Jesu Auferstehung erlangt, weil sie bewies, dass Gottes Kinder unzerstörbar sind und das Ego machtlos ist.

9.2. Das Übungsbuch

Nach dem Lehrbuch folgt das Übungsbuch, dessen Ziel die Öffnung des Geistes ist. In der Einleitung des Übungsbuches wird gesagt, dass sein Ziel die allumfassende Schulung des Geistes in einer anderen Wahrnehmung der Welt ist. Die Übungen sollen helfen, die Lektionen zu verallgemeinern, damit sie alle gleichermaßen auf alle Dinge, die man erblickt, anwendbar sind.

Die Schulung in wahrer Wahrnehmung geht auf andere Weise vor sich als die Schulung der Welt. Ist die wahre Wahrnehmung irgendeiner Sache erlangt, dann ist ihre Übertragung auf alle Dinge gewiss. Anderseits bewirkt eine einzige Ausnahme, die in der wahren Wahrnehmung gemacht wird, dass diese auch überall sonst unmöglich ist.

Dies ist ein einzigartiges Statement in der spirituellen Literatur. Die ganze Welt, das ganze Universum wird zu einem Ding erklärt, das keine Ausnahme kennt. Damit wird die holographische Natur der Wahrnehmung der Welt offengelegt, zu der das Arbeitsbuch hinführen will. Es besteht aus 365 Lektion für jeden Tag des Jahres.

In der ersten Lektion wird gesagt, dass nichts, was wir sehen, etwas bedeutet. In der zweiten Lektion wird der Grund dafür genannt: Wir haben allem die Bedeutung gegeben, die es für uns hat. Damit stellt der Kurs klar, dass wir keine Bedeutung in der Welt sehen, weil diese nicht unabhängig von uns besteht. Wir haben alles projiziert und halten es durch weiteres Projizieren aufrecht. Wir kennen die wahre Bedeutung der Dinge die wir sehen nicht. Die sichtbaren Dinge sind durch einen

bestimmten Wunsch in die Sichtbarkeit gehoben worden, der auf Trennung und auf eine objektive Welt aus war. Wenn wir uns dazu entscheiden können, wird uns eine andere Bedeutung für alle Dinge, die wir sehen, gegeben. Dazu heißt es in der dreißigsten Lektion, dass Gott in allen Dingen, die wir sehen ist, weil er in unserem Geist ist. Diese Lektion ist das Sprungbrett zur visionären Sicht auf die Welt, zu der der Kurs anleiten will. Dies ist das Einschmelzen aller sichtbaren Dinge in *eine* holographische Schau von der Welt, in der die Einheit des Geistes hervorgehoben wird, anstatt sie wie bisher zu verschleiern.

Diese und die anderen Lektionen machen das Erreichen des Zieles des Kurses erst möglich. Ein Schüler des Kurses wird normalerweise nach Vollendung eines Jahres wieder von vorne mit den Lektionen anfangen, obwohl dies nicht ausdrücklich im Arbeitsbuch verlangt wird.

9.3. Das Lehrerhandbuch

Das Lehrerhandbuch geht mehr auf die alltäglichen Fragen und Bedürfnisse des Schülers ein. Wer es unternimmt, diesen Kurs zu lernen, wird damit zu einem Lehrer Gottes. Um diese Funktion erfüllen zu können, muss er auf die Stimme des inneren Lehrers, der im Kurs der Heilige Geist genannt wird, zu hören lernen. Die Akzeptanz dieses allumfassenden Geistes in unserem Leben ist das Ziel des Kurses. Das eigentliche Ziel ist dabei die Erlangung inneren Friedens, der durch vollständige Vergebung erlangt wird. Ein Lehrer Gottes zu sein heißt, im Dienste Christi zu stehen. Das mag eine persönliche Beziehung zu Jesus, dessen Stimme diesen Kurs nach seinem Zeugnis durchgegeben hat, mit einschließen oder auch nicht. Entscheidend für den angehenden Lehrer Gottes ist es, die Interessen anderer als nicht mehr getrennt von den seinen wahrzunehmen. Die Idee, dass, es einen anderen Weg geben muss lag ja dem Zustandekommen des Kurses zu Grunde. Zwei Menschen hatten sich in der Entscheidung eines Augenblicks in dieser Suche nach einem besseren Weg zusammengetan, wie wir schon beschrieben haben. Im

Lehrerhandbuch werden die Eigenschaften aufgezählt, die die Lehrer Gottes entwickeln müssen, um ihre Funktion erfüllen zu können. Die Entwicklung des Vertrauens spielt dabei eine besonders wichtige Rolle. Vertrauen ist einer der Dreh- und Angelpunkte im Denksystem des Kurses. Es wird erlangt, indem der Schüler die Tendenz sein Leben zu kontrollieren Stück für Stück aufgibt. Dort wo sein Ego früher automatisch alles lenkte, kann jetzt die Stimme für Gott jeden Tag zu einem einzigartigen Geschenk machen. Durch das Gehen dieses Weges wird sich der Mensch, der sich als Schüler des Kurses versteht, immer mehr seiner wirklichen Natur bewusst. Über das Vertrauen werden wir später noch ausführlicher reden.

10. Ein mystischer Weg für die Welt

Was die Vedanta für den Hinduismus, die Tantras für den Buddhismus, der Sufismus für den Islam und die Kabbala für das Judentum sind, kann dieser Kurs für das Christentum und die ganze Welt sein, ein mystischer Weg hin zur Erfahrung des Absoluten. Er besitzt eine christliche Sprache, ist aber nicht aufs Christentum beschränkt. Der Kurs ist in seiner Höhe, Weite, Tiefe und seiner Wirkung unauslotbar und transzendiert alle menschlichen Begrenzungen auf souveräne Art und Weise. Wir haben gerade erst angefangen, ein wenig von ihm zu verstehen. Und dennoch ist er ganz einfach und läuft auf die eine Entscheidung für Gott hinaus. Wer den Pfad des Kurses entlanggeht und bereit ist den inneren Instruktionen zu folgen, wird sich bald in einer anderen Welt wiederfinden, in der er mehr und mehr der Liebe und Fürsorge Gottes versichert sein wird. Sein Leben wird zu einem Abenteuer, indem er seine eigenen Überzeugungen Schritt für Schritt zugunsten jener Ideen loslässt, die die Stimme Gottes ihm eingibt. Er erkennt, dass wirkliche Freiheit nur jenseits seiner auf Trennung und

Besonderheit beruhenden menschlichen Selbstidentität gefunden werden kann. Er erkennt seine wahre Identität als Sohn Gottes, der für immer lebt und mit allem verbunden ist, was Gott als Teil von sich erschuf. Und außerhalb von Gott gibt es nichts.

11. Gespräch Jesu mit einem Soldaten

Mecklenburg, Mai 1945 auf einem Feldweg.

Heinrich, fliehender deutscher Soldat, Jesus

H: „Bin ich jetzt tot, Jesus?"

J: „Nein, du bist nicht tot Heinrich. Ich bin nur hier, um dich zur Eile anzutreiben, falls du deine Verlobte und deine Tochter noch wiedersehen willst."

H: „Ach, eine Tochter habe ich? Und Erika lebt? Und du meinst die Russen sind mir dicht auf den Fersen?"

J: „Ja, sie holen dich noch ein, wenn du weiter so herum träumst. Lauf jetzt schnell weiter. Auf der nächsten Landstraße wird dich der letzte deutsche LKW mitnehmen, hin zu den Amerikanern, die jetzt schon östlich von Schwerin stehen."

H: „Danke ich laufe los. Gestern haben wir einen Feindsender abgehört, bei einem Bauern, die BBC. Sie haben gesagt, dass die Deutschen Millionen Juden umgebracht haben. Sie haben angeblich in mehreren

Konzentrationslagern Tausende Tote gefunden und auch Gaskammern."

J: „Und was denkst du?"

H: „Ich habe nicht wirklich darüber nachgedacht. Wir haben nur unsere Witze über die Juden gemacht, aber den Gerüchten über Gaskammern haben wir nicht geglaubt. Und ernsthafte Gespräche haben nur enge Freunde miteinander geführt, aber ich sage dir, sobald du einen Freund hattest an der Front, lag er auch schon bald tot neben dir. Ein kurzes Zucken und weg war er. Es ist alles zum Heulen. Ich glaube ich könnte den ganzen Rest meines Lebens nur Heulen, wenn ich erst damit anfange. Und dann die Kälte, der Hunger und die ständige Gefahr. Und der Führer hat uns einfach verheizt, von Fürsorge keine Spur. Ich habe drei Winter draußen geschlafen, nur in meinen Soldatenmantel gehüllt, sonst nichts. Und Essen gab es nur immer mal hier und da. Alle haben gelitten. Vor allem die anderen. Ich habe die Kolonnen von Russen gesehen, die wir besiegt hatten. Nach den großen Kesselschlachten am Anfang, eine endlose Kolonne, die bis an den Horizont reichte."

J: „Hast du Juden gesehen, im Osten?"

H: „Ja, öfters, in den kleinen Städten, an den Bahnstationen zusammengetrieben von SS und Wehr-macht, arme und verängstigte Menschen."

J: „Was hast du gefühlt?"

H: „Ich habe Mitleid gefühlt. Aber nur für einen Augenblick."

J: „Und dann?"

H: „Ich habe es heruntergeschluckt. Seit dem habe ich diesen schrecklichen Husten."

J: „Und was hast du gedacht?"

H: „Ich wollte gar nicht wissen, welches Schicksal sie erwartete. Sicherlich kein gutes. Und dann dachte ich: Wenn diese Juden und die Russen keine Untermenschen sind, wie man uns eingetrichtert hat, sondern ganz normale Menschen, dann gnade uns Gott, für das was wir hier anrichten!"

J: „Ich versichere dir, dass das keine Untermenschen waren, es waren einfach Menschen, nicht anders als du und deine

Familie. So etwas wie Unter- und Übermenschen gibt es nicht. Gott hat alle als *eins* erschaffen."

H: „Wenn die Deutschen Millionen Unschuldiger umgebracht haben, dann sind wir für immer verdammt."

J: „Auch darin irrst du dich. Es gibt für Gott keine ewige Verdammnis. Am Ende werden euch die Völker verzeihen."

H: „Glaubst du? Wir haben das ganze Land niedergebrannt. Hinter uns war nur noch Asche und Staub."

J: „Hast du Zivilisten erschossen?"

H: „Ich habe Russen erschossen, die sich schon ergeben hatten. Es ging so schnell und ich dachte, was soll's, zum Teufel, ich hör jetzt nicht auf zu schießen. Und einmal ist eine Familie in unser Feuer gelaufen, an der Hauptkampflinie; es ist schrecklich, wenn man Frauen und Kinder so sterben sieht. Sie haben gezuckt, ungelenk, und fielen zu Boden. Dann lagen sie da und der Kampf ging einfach weiter. Immerzu fielen Menschen tot zu Boden. Bei Soldaten hat man sich nichts dabei gedacht, aber bei denen kam mir dieser Gedankenblitz. Ich dachte wir sind mitten in der Hölle."

J: „Das ist richtig. Kannst du dir verzeihen, was geschehen ist?"

H: „Wie könnte ich das, bei all dem. Aber sollte ich mir denn verzeihen? Und könnte Gott mir jemals verzeihen?"

J: „Wenn du bereit bist Verantwortung für deine Taten zu übernehmen, dann wird dir Vergebung gegeben werden."

H: „Ich brauche Zeit. Ich glaube ich werde eher verrückt. Ich habe zu viel gesehen. Und die Bilder lassen mich nicht los. Ich möchte mich am liebsten erschießen, um endlich Ruhe zu finden."

J: „Was hast du gefühlt, als du Hitler zum ersten Mal im Radio gehört hast?"

H: „Ich hatte Angst gespürt."

J: „Und was denkst du, war diese Angst berechtigt?"

H: „Ja, wenn ich jetzt zurückdenke, ja. Aber was hätte ich denn machen sollen?"

J: „Vertraue in Zukunft deinem Herzen. Und folge mir. Dann wirst du Frieden finden. Wahrer Friede liegt in Gott, nicht im Tod."

12. Die Kosmologie des Kurses.

Gott kann nur erschaffen wie sich selbst. Die Ausdehnung Gottes in die Unendlichkeit wird im Kurs Schöpfung genannt. Die Welt aus Raum und Zeit, in der das Leben immer begrenzt ist, entstand demnach nicht aus dem Willen Gottes. Aber nur was Gott erschuf ist wirklich. Da Gott unendlich ist, hat die Welt keinen Ort an dem sie bestehen könnte. Nur in der Vergangenheit kann sie sein, die Ewigkeit aber ist für immer jetzt. Wie kam es aber zu der Welt? Auf diese Frage kann es letztlich keine befriedigende Antwort geben, nur eine Annäherung. Eine zentrale Lehre des Kurses ist die, dass Ideen ihre Quelle nicht verlassen. Dies bedeutet, dass kein Gedankensystem seine Grundlage oder Herkunft verlassen oder transzendieren kann. Ein Gedankensystem der Einheit muss sich für immer in vollkommener Vereinigung in die Unendlichkeit ausdehnen. Ein Gedankensystem der Trennung muss für immer Trennung lehren und sich aufgrund dessen in immer kleinere Teile aufspalten. Die Welt ist aus einer einzigen Idee der Trennung hervorgegangen. Der Kurs berichtet von dieser kleinen wahnwitzigen Idee, die davon sprach, dass Trennung und Besonderheit möglich sein könnten und nennt sie *Ego*. Diese Idee sprang unerkannt durch das Universum. Der Sohn Gottes hörte auf diesen Gedanken, der ihm einredete, seinen Vater um mehr als *alles* zu bitten, nämlich um die Gunst einer besonderen Liebe. Gott konnte seinem Sohn diese Bitte aber nicht erfüllen, da er alle gleich liebte, weil es dies ist, was Gott und die Liebe für immer ausmacht. Auch hatte Gott dem Sohn schon alles gegeben, indem er ihn *als* alles erschuf. Der Sohn aber empfand dies als Zurückweisung. Und er verstand seinen Vater nicht mehr. Das unverbrüchliche Vertrauen, der unendliche Frieden und die grenzenlose Liebe des Himmels fielen in seiner Wahrnehmung auseinander. Dieses Auseinanderfallen der ursprünglichen Einheit in unzählige Teile wird in der modernen wissen-schaftlichen Sprache der Urknall genannt, wobei in der Wissenschaft von Schöpfung und nicht von Zerstörung gesprochen wird, da es bis heute kaum ein Verständnis von einer Welt jenseits von Raum und Zeit ohne Trennung gibt. Erst seitdem es immer deutlicher wird, dass die mysteriöse Kraft der Gravitation erst dann verstanden werden kann, wenn wir die Raum-Zeit als relativ betrachten, wird deutlich, dass weder Zeit noch

Distanz absolute Größen sind. Die Quantenphysik beginnt zu entdecken, dass sich das eigentliche Universum jenseits unserer Welt befindet. Diese wahre Welt ist ein vereinheitlichter Raum, innerhalb dessen eine augenblickliche Kommunikation zwischen allen Teilen besteht, was religiös gesprochen der Himmel ist.

Nach dem Verlust des Himmels fand sich der Sohn Gottes in unserer Welt, an einen Körper gebunden, von anderen Körpern umgeben. Daraufhin sandte Gott den Heiligen Geist um den Sohn heim zurufen. Jesus von Nazareth war der erste Mensch in unserem Kulturkreis, der diesen Geist als seinen eigenen erkannte und ihm folgte. Jesus wurde damit zum Erlöser, der allen anderen den Weg wies. Er ist der ältere Bruder, dessen Auferstehung die Erlösung begründete, nicht dessen Kreuzigung. Er bittet uns daher alle uns selbst und einander nicht mehr zu kreuzigen. Er nennt die Kreuzigung die letzte nutzlose Reise von Gottes Sohn. Sie steht für jede Art des Opfers, welche die Menschen sich und anderen auferlegen. Sich selbst und seine Brüder als Körper zu sehen, ist letztendlich das, was Kreuzigung ist. Es sei hier noch ein Kommentar hinsichtlich der patriarchalen Sprache des Kurses eingefügt. Wenn der

Kurs vom Vater, vom Sohne Gottes und von Brüdern spricht, verwendet er eine Sprache, die auf die Einheit im Geiste hindeutet und nicht Bezug auf körperliche Unterschiede nimmt. Diese Sprache dient auch der Heilung, indem die alten Inhalte, die einmal der Unterdrückung des Weiblichen dienten, nun für die Befreiung aller verwendet werden. Der Kurs bittet den Schüler darum, über den Körper hinaus zu sehen. Wie Gott ist jeder ein Geist und nur Geist. Wir Menschen träumen nur davon, in einem Körper zu leben. Dennoch können wir keine Befreiung erlangen, wenn wir den Körper abspalten oder verdammen. Integration und Anerkennung sind noch immer die Vorgehensweisen der Heilung, die uns zur Einheit unseres Geistes zurückbringen. Darum lässt der Heilige Geist uns den Körper für das Erwachen nutzen, damit wir unser Menschsein hier ganz annehmen können, bevor wir es transzendieren. Also: ohne Anerkennung keine Transzendierung oder ohne Vergebung keine Befreiung.

13. Was sind Wunder?

Im Kurs hat das Wort „Wunder" eine besondere Bedeutung. Der zentrale Gedanke ist der, dass es keine unterschiedlichen Grade von Wundern gibt. Wenn ein Wunder überhaupt möglich ist, dann kann es alle Dinge verändern, wie groß oder klein, schwer oder leicht, bedeutend oder unbedeutend diese auch sein mögen. Es geht bei Wundern nicht darum die Welt nach unseren eigenen Wünschen zu verändern. Wunder, wie sie der Kurs versteht, heben Illusionen auf und bringen uns der Wirklichkeit näher. Darum sind Wunder an sich nicht wichtig. Wichtig ist es hingegen, ihre Quelle zu erkennen, die weit jenseits einer Beurteilung liegt. Darum werden Wunder nicht als etwas Besonderes angesehen, sie sind ganz im Gegenteil ein natürlicher Vorgang, weil sie die Wirklichkeit in einer Welt der Illusionen reflektieren. Sie sind Ausdruck jener Liebe, die uns alle miteinander verbindet. Wunder sind Ausdruck des Lebens selbst, wie auch die Stimme, die sie inspiriert. Diese Stimme, der Heilige Geist, wird zu einem persönlichen Führer des Schülers des Kurses. Das Ziel des Kurses ist wie gesagt, das

Hören dieser inneren Stimme und bringt damit die Fähigkeit wirklich hilfreich zu sein.

Wunder sollten keiner bewussten Kontrolle unterworfen werden. Sie müssen unwillkürlich geschehen, da sie einem Plan folgen, den wir auf der Erde nicht kennen können, aufgrund der Begrenzungen, die diese Welt unserem Verstehen auferlegt. Wunder sind das Anrecht von allen Menschen, denn sie gleichen einen Mangel aus, unter wir alle leiden. Sie bringen dem Geber und dem Empfangenden mehr Liebe. Sie sollen keineswegs als Spektakel verwendet werden. Sie haben keinen Platz auf Jahrmärkten, weil sie sich im Unscheinbaren abspielen, auf der zwischenmenschlichen Ebene, in der Welt der Gefühle und der Gedanken. Dennoch sind Gebete wichtig für Wunder. Um sie muss gebeten werden, da sie eine Kommunikation zwischen Himmel und Erde darstellen. Wunder greifen in die Zeit ein. Sie verkürzen die Länge des Zeitstrahls, der von jetzt bis zum Ende dieses Raum-Zeit-Kontinuums reicht. Mit anderen Worten, durch Wunder, deren Anzahl unbegrenzt ist, können wir schneller in den Himmel zurückkehren. Sie befreien uns von der Vergangenheit und machen unseren Geist dadurch frei für die Zukunft. Sie zeugen für die Wahrheit. Um überhaupt geschehen zu können, bedürfen sie des Glaubens. Dem Vollbringen von Wundern sollte ein jeder Tag hingegeben werden. Sie sind Teil des Lehrplans. Wunder verlagern das Gewahrsein in das Unsichtbare und zeigen die Unwirklichkeit des Körperlichen auf. Dadurch heilen sie. Sie stellen einen Dienst dar. Sie sind ein Akt der Liebe und versichern den Geber wie den Empfänger des inneren Wertes, den sie in den Augen Gottes haben.

Wunder können den Geist einer ganzen Gruppe von Menschen mit Gott vereinen. Sie zeigen auf, dass der Geist das Medium der Wahrheit ist und nicht der Körper. Wunder brauchen Vergebung. Ohne Vergebung können sie nicht geschehen. Wunder erzeugen Angst bei denjenigen, die Angst vor dem Licht haben, weil sie glauben schuldig zu sein. Erst wenn sie erkennen, dass sie unschuldig sind, können sie ihre Angst vor dem Licht loslassen und sich dem Wunder hingeben. Wunder geben uns die Möglichkeit zu heilen, weil wir die Idee der Krankheit erfunden haben. Jeder ist für seinen Traum verantwortlich. Wunder versichern uns, dass wir ein Wunder sind, weil wir von Gott erschaffen wurden und daher so erschaffen können, wie unser Schöpfer. Wunder sind dazu da, eine Kette der Versöhnung zu erzeugen, die dann wenn sie vollendet ist alle Schuld für immer ausgelöscht haben wird. Dadurch wird die scheinbare Existenz der dreidimensionalen Raum-Zeit in unserem Gewahrsein überwunden und Raum für die Schau der vergebenen Welt geschaffen, die in der Bibel das Paradies genannt wird.

Die Sühne wirkt in jedem Augenblick und in allen Dimensionen der Zeit. Wunder stellen eine Freiheit von der Angst dar, weil sie auf Glauben beruhen und den Glauben bestärken. Wunder stellen einen Segen dar, durch den Vergebung und Erneuerung von Gott durch den Wunderwirkenden allen Wesen zuteil wird. Dadurch wird Gott gepriesen.

Wunder sollten keine Ehrfurcht hervorrufen, da die Kinder Gottes so heilig sind, wie ihr Vater und nur Gott gebürt Ehrfurcht. Wunder werden von Jesus inspiriert. Sie geben dem Geist seine innere Stärke wieder zurück, weil dieser durch sie lernt, wieder auf richtige Art und Weise zu denken, was heißt so zu denken, wie Gott denkt. Wunder können niemals verloren gehen, auch dann nicht, wenn ihre Wirkung nicht gleich zu Tage tritt. Sie können Wirkungen weit über den sichtbaren Rahmen und das bekannte Umfeld hinaus entfalten.

Wunder versuchen das was wir gemacht haben der wirklichen Schöpfung Gottes wieder näher zu bringen. Sie bringen die Erde wieder näher zum Himmel.

14. Wunder - Geschichten und Erlebnisse

Was bedeuten Wunder nun für unser Leben? Vielleicht können Geschichten dies am besten beschreiben. Diese Geschichten mögen zum Teil unglaubwürdig klingen, aber sie stammen von Leuten, denen ich vertraue.

Ein Voraus-Traum

Meine Großmutter träumte 1946 eines Tages davon, auf dem Innenhof des Bauernhofes ihrer Schwester mit dem Pferdewagen herumzufahren. In ihrem Traum wusste sie, dass ihr eigenes Haus zu diesem Zeitpunkt abgebrannt war. Der Rest der Familie spottete nur darüber. Dann brannte das Haus tatsächlich am Heilig Abend 1946 ab. Das war ein schrecklicher Zeitpunkt. Die Russen hatten das Land besetzt, alles war knapp, vieles zerstört und Großmutter war Witwe mit drei Kindern. Während das Haus brannte, kamen die Männer des Dorfes herbeigerannt und schaufelten die Kornernte des Jahres von dem brennenden Obergeschoss des reetgedeckten Hallenhauses auf den Innenhof. Sie retteten die Ernte des ganzen Jahres und das war das, was wir in im Kurs ein Wunder nennen. Für den Rest des Jahres aßen meine Großmutter und ihre Kinder steiniges, nach Rauch schmeckendes Brot, und fügten ihren Zähnen damit einige Schäden zu, aber sie hatten zu essen. Sie fand dann einen neuen Mann und baute das Haus wieder auf, das noch heute steht. Das Wunder war die Tatsache, dass sie bewahrt wurde, selbst in ihrem dunkelsten Moment. Ich stand als Kind immer auf der Seite meiner Großmütter, die Cousinen waren, die mir diese oder ähnliche Geschichten erzählten, denn ich glaubte an das Wunderbare. Die triste materielle Welt der 70er Jahre in Ostdeutschland, die die anderen als alternativlos hingenommen hatten, erschien mir langweilig und bedeutungslos.

Erst später erkannte ich, dass Wunder ein vollkommen anderes Denken verlangen. Wunder treten nur auf, wenn wir wundergesinnt sind oder wenn wir vom Leben so in die Enge getrieben worden sind, dass wir unsere Kontrolle aufgeben müssen. Wer will das schon? Ein Mensch zu sein, heißt doch Kontrolle über das eigene Leben zu haben und diese bis zum Tode eifersüchtig zu verteidigen, bis Gott oder das Nichts sie einem wieder entreißt. Kontrolle wird als Leben, Kontrollverlust als Tod verstanden. Der Kurs sieht dies umgekehrt. Für ihn leben wir in einer Welt des Todes, inmitten eines lebendigen Universums, wo alle Dinge der vollkommenen Kontrolle Gottes und daher der Liebe unterstehen. Da die Identität Gottes seine ganze Schöpfung mit einschließt, heißt Gott erkennen, seinen eigenen Willen zu erkennen. Das, was der Kurs unter Wahrheit versteht, ist anders als wir dachten.

Überlebt im Kugelhagel

In einem Zug von Berlin nach Norden traf ich einmal einen Mann. Der Zug hatte in Oranienburg eine halbe Stunde Verspätung. Der Mann, der so geheimnisvoll aussah, als käme er direkt aus einem Film, setze sich mir gegenüber hin. Nachdem wir uns beide einen langen Blick zugeworfen hatten, sagte er: „Die Stimme hat mir schon gesagt, dass der Zug Verspätung haben wird."

„Welche Stimme hat das gesagt?" wollte ich wissen.

„Die Stimme, die immer zu mir spricht. Sie sagte zu mir, dass ich das Treppenhaus fegen sollte. Aber ich sagte, dass ich den Zug verpasse. Aber die Stimme versicherte mir, dass der Zug Verspätung haben wird und ich rechtzeitig am Bahnhof sein werde." Meine Neugier war geweckt. Der Mann hatte den seltsamen Blick von Leuten, die entweder wissend oder verrückt waren. Seine Augen glühten innerlich in einem mir unbekannten Feuer.

„Seit wann hören Sie denn diese Stimme?" Er sah aus dem Fenster und rief eine lang vergangene Erinnerung zu sich zurück. „Es war im Zweiten Weltkrieg. Ich war in einem Schützengraben. Vor mir die Russen. Wir waren auf dem Rückzug. Ich war der letzte Überlebende in unserer Verteidigungslinie. Hinter mir keine Deckung, weit und breit. Nur die flache, vereiste russische Steppe. Und doch konnte ich mich nicht ergeben. Ich dachte, die Russen würden mich sofort erschießen, weil es weit und breit keine Zeugen mehr gab. So sprang ich aus der Deckung heraus und rannte nach hinten, weg von den Russen. Die Russen schossen aus allen Rohren auf mich. Die Kugeln pfiffen nur so um mich herum. Und ich schrie immerzu Gott! Gott! Gott! und die Kugeln trafen mich nicht. Ich entkam.

Seitdem höre ich die Stimme." Für den Kurs ist beides ein Wunder, die Rettung des Soldaten und das lebenslange Hören der inneren Stimme für Gott, wie der Heilige Geist im Kurs genannt wird. Erlebnisse wie diese, am Rande des Todes, heben unsere Abwehr gegen Gott vorübergehend auf. Der Kurs stellt nun einen Versuch dar, uns solche Erlebnisse zu ersparen und uns zu lehren, die Stimme für Gott auch ohne sie hören zu lernen.

Zweimal gerettet

Die folgenden beiden Erlebnisse stammen von einem jüdischen Wissenschaftler, Piloten und Mystiker, den wir hier Alfred nennen wollen. Ich war mehrmals mit anderen Freuden in seinem Blockhaus am Wisconsin-River zu Gast, wo er uns zum Essen und zu Gesprächen eingeladen hatte. Wir waren alle da, um den Kurs bei unserem Meister zu studieren. Er hatte viele Geschichten zu erzählen, von denen ich diese zwei ausgewählt habe. Als Alfred ein Junge von etwa 7 Jahren war, so um 1938, stieg er in einen Zug von Köln nach Berlin. Er fuhr in einem geschlossenen Erste-Klasse-Abteil, was für Juden eigentlich verboten war. Er war ganz für sich allein und versuchte die Fahrt zu genießen. Nach einiger Zeit hielt der Zug an und es geschah etwas, das wie ein Alptraum anfing. Ein SS-Standartenführer in einem langen schwarzen Ledermantel marschierte langsam den Gang entlang. Er las die Nummer von Alfreds Abteil, öffnete die Tür und kam mit großen Schritten hinein. Er nahm seine Militärmütze ab und warf sich auf den gegenüberliegenden Sitz. Alfred versuchte sich nichts anmerken zu lassen und schaute starr aus dem Fenster. Der SS-Offizier fing an seinen Mantel auszuziehen, seine Pistole abzuschnallen und es sich auf seiner Bank gemütlich zu machen. Dann sagte er etwas ganz Unerwartetes: "Diesmal habt ihr keinen Moses, der euch retten kann. Jeder muss sein eigener Messias sein." Alfred schaute ihn erstaunt an. Der Offizier fuhr fort über das Alte Testament zu reden, in dem er sich sehr gut auszukennen schien. Dann wurde er plötzlich persönlich und senkte seine Stimme:

„Hör zu, ich weiß dass du ein jüdischer Junge bist. Du musst mir versprechen, dass du das, was ich dir jetzt sage, deinen Eltern weitersagst. Versprichst du das?" Alfred nickte beklommen.

„Wenn du nach Hause kommst, sag deinen Eltern, dass sie sofort ihre Koffer packen sollen und auf dem schnellsten Weg das Reich verlassen müssen. Sie müssen nach Westen fliehen, nicht nach Osten. Wirst du das sagen?"

„Ja, Herr, ich werde es sagen."

Der Offizier nickte. „Es wird ganz schlimm hier, verstehst du, ihr könnt hier nicht bleiben."

Alfred und seine Eltern folgten dem Rad des Standartenführers und verließen das Deutsche Reich, um in die USA überzusiedeln. Die Stadt Köln hat Alfred vor einigen Jahren zu einer Veranstaltung für die überlebenden Juden der Stadt eingeladen. Es war das erste Mal, dass er die Stadt seit dem Krieg wiedersah.

Ein weiteres Wunder, das Alfred erlebte, gehört zu den bekannteren, die Sai Baba bewirkt haben soll.

Sai Baba war ein Heiliger mit Hunderttausenden Anhängern weltweit, der schon zu Lebzeiten als Avatar, als ein aufgestiegener Meister verehrt wurde. Alfred flog als Pilot mit einer kleinen Passagiermaschine über Nord-Nevada und verlor in einen schweren Schneesturm die Orientierung. Er hatte fast keinen Treibstoff mehr. Da kam er nach dreißig Jahren zum ersten Mal wieder auf die Idee Gott um Hilfe zu bitten. Er brauchte nicht lange zu warten. Eine Stimme kam aus dem Cockpitlautsprecher, die ihm genaue Anweisungen zum Landen gab. Er wusste nicht, wo er sich befand, außer, dass er weit außerhalb jeder besiedelten Gegend war. Da tauchte auf einmal inmitten der Schneewolken und der Wildnis aus zerklüfteten Bergen und verschneiten Sanddünen eine Landebahn auf. Er brachte das Flugzeug hinunter und rannte zur Flugaufsichtsbarracke um sich bei den Flug-lotsen zu bedanken.

„Vielen Dank für die Hilfe!" sagte er zu den beiden Beamten, die fassungslos aus dem Fenster starrten. „Ihr habt mich da ganz professionell heruntergeholt! Wir hatten keinen Treibstoff mehr. Zehn Minuten später und wir wären wie ein Stein vom Himmel gefallen." Die beiden Offiziere sahen ihn sprachlos an.

„Wir haben sie da nicht heruntergebracht, Sir! Sie sind wie aus dem Nichts gekommen. Der Sturm hat sie förmlich ausgespuckt."

Alfred entdeckte später in Mexiko ein Bild von Sai Baba, das fast völlig von Asche bedeckt war. Diese Asche hatte die Eigenschaft von selbst zu wachsen. Sie wurde unter den Anhängern als segenspendende Medizin verteilt. Sai Baba schien sie immer wieder aus dem Nichts zu materialisieren und über die Gemeinde seiner Zuhörer zu verstreuen. „Das war der Mann, der mich herunter geholt hat." Sagte Alfred. Als er in Indien dem Meister entgegentrat, bestätigte dieser, dass er es gewesen war.

Die beiden nächsten Geschichten wird kaum jemand glauben, der nicht etwas Ähnliches selbst schon erlebt oder es von zuverlässigen Zeugen gehört hat. Wichtig ist nur, die Botschaft dieses Buches nicht an der Glaubwürdigkeit einer jeden von diesen Geschichte zu messen. Die hier zitierten Geschichten sind noch zahm. Es gibt andere Erlebnisse, die noch verrückter sind.

Auf einer einsamen Insel

Die folgende Geschichte wurde mir von einem Bekannten erzählt, der ein kleiner filigraner Mann mit langen Haaren und mit einer leisen hauchigen Stimme war. Er besaß zu jener Zeit einen kleinen Laden für Gesundheitsprodukte und Massagen in Berlin, in der Nähe der Oranienburger Allee. Er war ein spirituell sehr ernsthafter Mann und keineswegs ein Aufschneider. So unwahrscheinlich die Geschichte auch klingen mochte, ich zweifelte keinen Moment daran, dass er die Wahrheit sagte.

„Ich flog auf eine Insel im Pazifik. Von dort ließ ich mich von Fischern auf eine weitere kleine unbewohnte Insel bringen. Ich sagte ihnen, dass sie in zwei Wochen wiederkommen sollten. Ich wollte die Zeit in Einsamkeit und Meditation verbringen. Als ich die Insel durchwandert hatte, musste ich zu meinem Erschrecken feststellen, dass es da kein Süßwasser gab. Wie sollte ich die zwei Wochen ohne Süßwasser auskommen? Ich entschloss mich noch einmal genauer hinzuschauen. Ich suchte die Insel ab und fand in der Tat viele große Baumblätter, die mit

Regenwasser gefüllt waren. Ich trank von dem Wasser und schöpfte wieder Hoffnung. Da merkte ich, dass dieses Baumwasser eine unangenehme Nebenwirkung entfaltete. Mein Hals verengte sich. Mir fiel das Atmen immer schwerer. Ich merkte, dass mir der Atem bald ganz versagen würde. Ich war vollkommen auf mich selbst gestellt. Ich legte mich auf den Strand und versuchte mich zu beruhigen. Mein Atem wurde immer dünner. Schließlich hörte er ganz auf. Ich lag da und atmete nicht mehr. Es war nicht angenehm, aber auch nicht unangenehm, nur ungewohnt. Ich konnte in jeden Augenblick sterben, wenn ich in Panik geriet oder einschlief, das wusste ich. Aber so lange ich still dalag, würde mir nichts passieren. Für mich geschah ganz viel in dieser Nacht. Am Morgen fing mein Atem langsam an wieder zu fließen." Wie er den Rest der Zeit überlebte, vergaß ich zu fragen.

Zwanzig Sekunden

Die folgende Geschichte stammt von Andreas, einem Lehrer des Kurses der für lange Zeit in New York lebte. Er war am 11. November 2001 mit anderen Brüdern am Ground Zero und leistete vielen Menschen, die dort im Schock umherirrten erste Hilfe, wobei sich viele Wunder ereigneten. In diesem Moment tiefster Agonie standen die Tore des Himmels offen und Dinge ereigneten sich, die sonst als unmöglich galten. Erst im Laufe einiger Jahre fiel New York wieder in die Normalität zurück. Andreas lebte zu der Zeit, als ich ihn besuchte, an der Straßenkreuzung First Street/First Avenue zwi-schen Uptown und Downtown in Manhatten. Das war ein Viertel mit Alternativläden und Cafés, wo der allgegenwärtige Duft der Räucherstäbchen von einer alternativen Lebenskultur kündete. Meine Freundin und ich wohnten genau gegenüber von Andreas' Apartment in einer der preisgünstigsten Absteigen der City, einem Jugendhotel des Hare-Krisna-Tempels. Weil ich am Tag mehrere Stunden lang die Zimmer renovierte, konnte ich dort für nur 25 Dollar pro Nacht übernachten, sonst hätte es 65 Dollar gekostet. Allerdings lag mein Zimmer direkt über dem Tempel. Das bedeutete dass ich jeden Morgen um 4.30 von der Trommel und dem Chor der Gemeinde geweckt wurde:

„Hare Krisna, Hare Krisna, Krisna Krisna, Hare Hare. Hare Rama, Rama Rama, Hare Hare..." Andreas war selbst einmal ein hohes Mitglied in der Krisna-Organisation ISKCON gewesen und konnte im Hotel ein und ausgehen und dort auch kostenlos frühstücken. Einmal schlossen wir uns für eine Stunde den indischen tanzenden und singenden Mönchen der Organisation an, als sie ihre Runden in einem nahegelegenen Park drehten. Andreas, ein großer athletischer Mann in den Sechzigern, war ein großartiger Kommunikator. Er hatte die Fähigkeit mit vielen Leuten auf den Straßen von New York in Verbindung treten und sie augenblicklich in Kontakt mit dem inneren Licht bringen. Nach einer solchen Begegnung hatte sich etwas für sie für immer verändert, wie meistens, wenn das Licht in ein Leben tritt. Die folgende Geschichte spielte sich in seiner Jugend ab. Wegen des Vietnamkrieges herrschte in den USA Ende der sechziger und Anfang der siebziger Jahre die Wehrpflicht. Andreas entzog sich der Einberufung dadurch, dass er sich zwei Jahre lang immer nur zwei Wochen lang an einem Ort aufhielt. Er agierte dabei ganz legal. Er meldete sich immer gleich bei der Stadt und der Armee an. Da der bürokratische Apparat der U.S. Army eine gewisse Zeit brauchte, um die Einberufungspapiere an die neue Adresse zu schicken, war er immer schon an einem anderen Ort, wenn diese seine Adresse erreichten. Er sagte mir, dass er in diesen zwei Jahren nur zweimal draußen geschlafen hatte. Immer wieder hatten die Leute mit denen er per Anhalter reiste oder die er auf der Straße kennenlernte, ihn bei sich nach Hause aufgenommen. Mit Gott hat er nicht viel im Sinn gehabt, außer, dass er dem Universum vertraute, dass immer für ihm gesorgt sein würde, was viel mehr war, als viele Christen jemals zu Stande bringen. Einmal sah es jedoch schlimm für ihn aus. Er befand sich mitten in der Nacht irgendwo abgeschlagen in einer lichtlosen Einöde. Eisregen durchtränkte seine Kleidung und er sah keine Möglichkeit mehr einen Unterschlupf zu finden. Er zitterte vor Kälte und war sich sicher, dass sein Tod kurz bevorstand. Er fiel auf die Knie, schaute zum schwarzen sternlosen Himmel hinauf und betete zum ersten Mal seit seiner Kindheit: „Universum, Gott, ich sterbe. Wenn es irgendwo weitergeht, wenn es da oben noch ein anderes Leben für mich gibt, dann gib mir bitte ein Zeichen!" An dieser Stelle der Geschichte versagte ihm immer die Stimme. „Gott brauchte nur zwanzig Sekunden, um auf mein Gebet zu antworten!" Die Scheinwerfer eines Jeeps schossen um die nächste Ecke des

Landweges, auf dem er kniete. Es waren Soldaten darin. Der Wagen hielt an und nahm ihn mit. Von jetzt an war er auf der Suche nach diesem Gott, der ihn nie aus den Augen verloren hatte. Als er den Kurs kennenlernte und erkannte, dass er nun aufgefordert war vorbehaltlos Ja zu Gott zu sagen, spürte er Angst. „Ich will nicht wie Albert Schweitzer in Lambarene mit der Hitze, den Seuchen und den Mücken kämpfen müssen, aber wenn du das willst, werde ich auch das tun." Die Antwort des Heiligen Geistes war die folgende: „Von dir wird nur erwartet immer in der leidenschaftlichen Ekstase des Lichts zu leben und Wunder zu wirken. Kein anderes Opfer wird erbeten!" Er willigte freudig ein. Seitdem ist er ein lebendiger Ausdruck dieses Auftrages.

Leben ohne Alles

Eine andere Geschichte stammt von Victor Truviano, einem Argentinier, der heutzutage in Südamerika und in Spanien den „Lichtnahrungs-Prozess" lehrt. Eines Tages sagte eine innere Stimme zu Victor, dass er aufhören sollte zu essen. Und er hörte auf zu essen. Später sagte die Stimme auch, dass er aufhören sollte zu trinken. Und er hörte auf zu trinken. Er überlebte, verlor aber nach und nach alle seine Zähne. Einige Zeit später, spürte er einen seltsamen Druck in seinem Kiefer. Es waren neue Zähne, die Stück für Stück aus dem Zahnfleisch hervortraten und ihm zu einem vollständig neuen Gebiss verhalfen.

Er war ein passionierter Gleitschirmflieger. Eines Tages als er sich auf etwa zweitausend Meter Höhe irgendwo in Südamerika befand, wurden alle seine Seile wie mit einem scharfen Messer durchgetrennt und er sauste in die Tiefe. Er schlug auf dem Boden auf und brach sich viele Knochen, überlebte aber. Im örtlichen Krankenhaus wurden ihm Silberplatten eingelegt und alle Brüche zusammengenagelt und geschraubt. Während dieser Zeit wurde seinem Körper vorübergehend wieder Flüssigkeit zugeführt. Nach einigen Monaten reiste er nach Barcelona und ließ sich in der Klinik untersuchen, weil er sich nicht wohl fühlte. Dabei stellte sich heraus, dass ihm keine Silberplatten, sondern ein billigeres Material eingebaut worden war. Er ließ sich alles, einschließlich der Nägel herausnehmen und lebt heute wieder als genesener Mann. In dem deutschen Film „Lichtnahrung" wird nicht nur von mehreren Menschen berichtet, die seit Jahren nichts mehr essen, sondern auch von einem Sadhu, namens Prahlad Jani, einem heiligen Mann in Indien, der seit über Jahrzehnte nichts mehr isst und trinkt. Er wurde für zwei Wochen in eine Klinik in Indien eingeladen. In dieser Zeit hat man seine Körperfunktionen genau untersucht. Es war unklar wo er seine Flüssigkeit herbekam. Was aber festgestellt wurde ist, dass die Flüssigkeit fast wie bei einem normalen Menschen in seinem Körper zirkulierte. So stellte er auch Urin her, dieser Urin wurde aber wieder in den Blutkreislauf zurückgeführt. Nach der Hindu-Lehre können bestimmte Menschen sich von reinem Prana ernähren, der Energie die das Universum durchfließt.

Kontakt

Carlos arbeitet als Heiler in Buenos Aires. Er heilt mit Steinen. Eines Tages wurde er von einem Stamm aus dem Amazonasgebiet kontaktiert. Diese Leute baten ihn sie zu besuchen. Er wusste nicht, woher diese Indianer, die noch nie in einer großen Stadt gewesen waren, ihn kannten, der mehrere Tausend Kilometer entfernt in einer anderen Welt lebte. Er hatte zwei Treffen mit ihnen. Das erste fand am Rande des Regenwaldes in einer Kleinstadt statt. Die Ältesten erzählten ihm, dass sie ihn schon seit langer Zeit beobachteten und planten, ihm all ihr Wissen anzuvertrauen, da sie als ganzer Stamm den Planeten bald verlassen würden. Er willigte schließlich ein, obwohl ihm diese Bürde nicht unbedingt lieb war. Beim zweiten Treffen baten sie den Sechzigjährigen sie im Urwald zu besuchen. Drei Tagesreisen lang fuhr ein Boot mit ihm einen Zufluss des Amazonas hinauf. Irgendwann stieß das Boot in eine Lücke des Urwaldes und erreichte eine kleine Uferwiese. Der lokale Bootsfahrer wies nach Südwesten und sagte: „Wenn sie diese Indianer finden wollen, müssen sie drei Tage in diese Richtung gehen. Wollen sie das wirklich auf sich nehmen?" Der Steinheiler nickte, nahm seine Sachen und wanderte die drei Tage in der vorgegebenen Richtung. Dann erreichte er einen weiteren Fluss und wandte sich nach links. Nach einem weiteren Tag fand er tatsächlich seine Freunde. Der Stamm bestand nur noch aus sechzig Mitgliedern. Ganze zwölf von ihnen waren die Ältesten. Sie übergaben ihm all ihr Wissen, führten ihn durch alle Einweihungen hindurch und sagten: „Nun kannst du damit machen, was du willst. Unsere Aufgabe ist erfüllt."

Der Heiler reiste zurück nach Buenos Aires und schrieb ein Buch. Dieses Buch hat er vor kurzem an zwanzig Freunde verteilt. Nun können diese entscheiden, was sie damit machen wollen. Er ist zu seiner Arbeit des Heilens mit den Steinen zurückgekehrt. Die Indianer hatten aus Millionen Menschen den einen herausgefischt, der ihren Auftrag erfüllen würde, wie Jesus es mit Helen Schucmen gemacht hatte, die über die Aufgabe den Kurs niederzuschreiben nicht besonders begeistert gewesen sein soll, denn sie war eine atheistische Jüdin gewesen und wollte mit diesen Dingen nichts zu tun haben. So sind die meisten Leute nicht besonders froh, die Gott zu einem Auftrag ruft, wie zum Beispiel der Prophet Jona, der durch einige Dramen hindurchgehen musste, bevor er seinen Widerstand aufgab und „den Job machte" und das allein zählt am Ende.

Es gäbe viele weitere Geschichten aus Argentinien, Mexiko und anderen Ländern zu berichten, die unsere Sichtweise auf die Wirklichkeit gänzlich in Frage stellen. Zum Beispiel hat ein zuverlässiger Zeuge vor wenigen Monaten, wir haben jetzt 2015, den legendären Don Juan von Carlos Castaneda in der mexikanischen Wüste gefunden, der mit Hundert Jahren zusammen mit seinem Sohn immer noch „Intensivs" für einen engen Kreis von Schülern gibt. An seiner bloßen Existenz hat bis jetzt noch fast jeder ernstzunehmende Anthro-pologe gezweifelt. Aber all diese Geschichten führen ins Bodenlose, und das würde die Zielrichtung dieses Buches und seinen Rahmen sprengen.

Um zu verstehen, was der Kurs unter Wundern versteht, müssen wir uns von dem rein Körperlichen fortbewegen und fragen, was der Kurs eigentlich bezweckt. Er will die Einheit der Sohnschaft wieder herstellen. Das Wunder ist ein Moment der Kommunikation zwischen zwei getrennten Personen oder besser gesagt Geistern. (Das Wort „Geist" muss im Deutschen für viele Dinge herhalten, vom Geist

Gottes, zum Geist des Weines bis hin zu einem Gespenst. Das englische Wort „Mind" das für den persönlichen Geist steht und das Wort „Spirit" für den reinen Geist, wären eine bessere Wahl, um das zu sagen, was wir hier ausdrücken wollen.) Daher kann das Wunder vollkommen unspektakulär sein. Es ist oft nur für den erkennbar, der diese Erfahrung der Verbindung gemacht hat. Aber ein „körperliches Wunder" kann für jene wichtig sein, die erst noch die Herrschaft des Geistes über die Materie anerkennen lernen müssen.

Die Kreuzabnahme

Die Dinge, die eine befreundete hellsichtige Frau erlebte, die zu dieser Zeit am Ende des *Camino* lebte, sprengen den Rahmen dessen, was wir für möglich halten, noch weiter. Nachdem ihr Mann gestorben war, erschien dieser ihr einmal, als sie zu Hause am Schreibtisch saß. Er kam ihr so nahe, dass sie die Poren auf seiner Gesichtshaut sehen konnte. Er sagte kein Wort und verschwand wieder. Ihr hatte es ohnehin die Sprache verschlagen.

Die nächste Begebenheit war zwar nicht genau das, was wir hier ein Wunder nennen, aber sie ist in unserem

Zusammenhang erwähnenswert, weil sie von der Relativität der Raum-Zeit zeugt. Es war eine persönliche Offenbarung oder Erinnerung, wie manche Menschen manchmal kurze Erinnerungen an „frühere Leben" in sich aufblitzen sehen.

Sie saß wieder an ihrem Schreibtisch am Computer als sie vor sich das Kreuz Christi in die Höhe eines grauen Himmels aufragen sah. Sie blickte sich um und entdeckte Frauen und Männer, die in dunkelbraune Stoffe gehüllt waren, alles war viel dunkler, als sie es aus Filmen gekannt hatte. Sie selbst aber war eine von den Personen, die Jesu Leichnam vom Kreuz herunternahmen. Dieser Körper war so schwer, dass sie ihn nicht halten konnte, sondern ihre Unterarme mit Macht nach unten drückte. Da war aber noch die Tastatur des Computers, und dagegen wurden ihre Unterarme schmerzlich gedrückt, als sie den Körper Christi hielt.

Feuerlauf

Wer einmal an einen Feuerlauf teilgenommen hat, kann das im folgenden Beschriebene mit eigenen Augen oder Füssen nachverfolgen. Ich war einmal im Winter zu so einem Feuerlauf eingeladen worden. Ich hatte mich gesträubt, aber nach der dritten Einladung gab ich meinen Widerstand auf und fuhr mit meinen Freunden in eine Gegend um Dresden, wo das Ritual stattfinden sollte. Es waren minus fünfzehn Grad. Das Feuer hatte einen hohen Stapel von dicken Buchenholzbohlen verzehrt und war nun zu einem vier Meter breiten Glut-haufen zusammengesunken. Diese Glut war so heiß, dass sie meine Wimpern zu verbrennen drohte. Und doch waren wir alle, etwa zwanzig Personen, zusammen gekommen, um mit nackten Füßen darüber zulaufen. Wir waren angewiesen worden, dem Feuer nicht entgegenzutreten, also nicht etwa zu versuchen mit einem Mantra wie „Kühle Wiese, kühle Wiese" die Füße zu schützen, wie es bei anderen Feuerläufen mit Managern versucht wurde. Wir sollten das Feuer durch uns hindurchgehen lassen. So fand ich mich am Rande dieses Gluthaufens wieder. Meine Füße standen auf dem Schnee in dieser sternenklaren kältesten Nacht jenes Jahres und brannten wie Feuer. In meinem Kopf kämpften zwei Gedankensysteme miteinander. Das eine sagte: „Du bist vollkommen wahnsinnig! Was machst du hier! Du wirst sterben." Und das andere sagte: „Geht schon! Andere sind vor dir gegangen. Du bist in Sicherheit. Warte nicht länger!" Schließlich ging ich los. Ich wollte der Erste sein. Ich spürte zu meinen Füßen hinunter. Sie fühlten sich angenehm kühl an. Das was ich befürchtet hatte, war durch mein Zögern verursacht und durch mein Losgehen überwunden worden, dieses schreckliche Brennen in den Füßen. Die anderen folgten. Bei zweiten Mal fühlte ich mich zu sicher und war nicht wirklich konzentriert, weil die anderen immer wieder über die Glut liefen. So zog ich mir eine leichte Verbrennung zu. Beim dritten Mal wurde diese Verbrennung wieder geheilt, sie war danach nicht mehr da. Ein Mann trug seine Frau durch das Feuer. Die Leiterin sagte, dass beim letzten Mal eine Frau in Seidenstrümpfen heilen Strumpfes durch das Feuer gegangen war. Wer kann das erklären? Die Gruppe schien zusammen einen Schutzfilm mit ihrer gemeinsamen Absicht der Heilung zwischen unseren Füßen und dem Feuer erzeugt zu haben. Über die Stärke einer geteilten Absicht haben wir schon bei der Entstehung des Kurses gesprochen. Darum sollte so ein Feuerlauf nur unter der Aufsicht von erfahrenen Leitern durchgeführt werden und niemals von Einzelpersonen. Dies ist ein klassisches Beispiel dafür wie Jesus Wunder heute verstanden sehen will. Nicht als Akte von Magie und Selbstverherrlichung einzelner, sondern als die Antwort auf ein gemeinsames Gebet mehrerer Personen um Heilung und Befreiung.

Maria zwischen den Seeminen

Mein Großvater war evangelischer Pastor in einer Hansestadt im Norden Deutschlands. Er schrieb im Zweiten Weltkrieg Briefe an die jungen Männer aus seiner Gemeinde, die sich an der Front befanden. Einer dieser Briefe hat sich rätselhafter Weise auf der Schreibwalze der Schreibmaschine bis zur jener Zeit erhalten, als diese Maschine an mich weitergegeben wurde. Ich konnte den kurzen Trostbrief vollständig lesen, obwohl mein Großvater diese Schreibmaschine bis Ende der sechziger Jahre verwendet hatte. Er war Angehöriger der bekennenden Kirche gewesen, die sich gegen den Heilsanspruch des Nazi-Regimes gestellt hatte. Die offizielle kriegsbedingte Aufgabe meines Großvaters war es, während der Bombenangriffe auf die Stadt durch die Straßen zu laufen und alle Bombeneinschläge an die Feuerwehr zu melden. Dies war eine extrem gefährliche Aufgabe. Einmal kam er weinend nach Hause und sagte zu meiner Großmutter: "Sie haben meine Kirche getroffen!" Das Kirchenschiff der ausgebrannten Hallenkirche stand bis in die sechziger Jahre bis es ohne ersichtlichen Grund gesprengt wurde. Heute steht nur noch der Turm, der als Sehzeichen für die Ostsee selbst für die Kommunisten unantastbar war. Nach dem Krieg meldete sich einer der jungen Männer aus der Gemeinde, die im Krieg gewesen waren, bei meinem Großvater und erzählte ihm, dass er zum Katholizismus übergetreten sei.

"Warum das?" fragte mein Großvater.

"Es ist etwas im Krieg geschehen, das ich nicht vergessen kann, es hat alles verändert. Ich war U-Boot-Kapitän. Und wir waren in einem Minenfeld eingeschlossen. Minen, Minen, überall nur Minen. Es war hoffnungslos da wieder heil herauszukommen. Ich sah durch das Fenster in das dunkle Wasser hinaus, wo der Tod überall auf uns wartete. Sollten wir uns einer nach dem anderen eine Kugel durch den Kopf schießen? Wer wollte schon in einem sinkenden U-Boot ertrinken? Ich war vollkommen verzweifelt, nicht nur meinetwegen, sondern wegen der ganzen Mannschaft. So fing ich an zu beten, wie schon viele Male. Nur hatte ich diesmal kaum Hoffnung. Wie sollte Gott uns hier wieder heraushauen? Das war das Ende! Wir alle hatten gefürchtet, dass sie uns eines Tages erwischen. Unser Auftrag war ein einziges Himmelfahrtskommando gewesen, wir wurden verheizt und wir konnten nicht fliehen. Da, plötzlich, leuchtete etwas im Wasser vor uns auf. Zuerst dachte, ich es sei ein feindlicher Suchscheinwerfer. Aber es fühlte sich sanft und beruhigend an. Mein Herz hüpfte vor Freude. Es erschien eine strahlende Frau im Wasser, ich traute meinen Augen nicht! Es war Maria, die Mutter Gottes. Sie wies uns den Weg. Die Minen erschienen auf einmal klar in ihrem Licht! Vorsichtig ließ ich die Maschinen anwerfen und lenkte das Boot in die Richtung der Maria. Langsam geleitete sie uns durch dieses Labyrinth aus Todesfallen. Die Minen traten hin und wieder wie schwarze schemenhafte Dämonen im dunkelblauen Licht des tiefen Wassers hervor und glitten langsam an uns vorbei. Nachdem ich unserer Besatzung mitgeteilt hatte, was da gerade geschah, dass wir einer Erscheinung der Maria durch das Minenfeld folgten, breitete sich ein geladenes Schweigen im Boot aus, geboren aus Spannung, Sprachlosigkeit und Hoffnung. Das ganze dauerte vielleicht eine halbe Stunde. Dann waren wir draußen. Niemand schrie laut vor Freude, denn wir mussten immer leise sein, wegen des Feindes, der uns jeder Zeit aufspüren konnte. Aber wir fielen uns in die Arme und weinten vor Freude. Maria hat uns sicher hinaus geleitet. Für mich war vollkommen klar, dass ich zur katholischen Kirche übertreten würde. Aber vielen Dank für ihre Begleitung und Liebe während des Krieges." Mein Großvater konnte den jungen Mann sehr gut verstehen. Als 1944 ein bekannter und beliebter jüdischer Arzt in der Stadt starb, der Christ gewesen war, ging mein Großvater als einziger Pastor hinter dem Sarg durch die leeren Straßen, während die Leute hinter den dunklen Fenstern standen und ihn für seinen Mut bewunderten. Sie glaubten, dass er das nächste Opfer der Gestapo sein würde. Die Engländer, die die Stadt als erste besetzten, kamen der Geheimpolizei jedoch zuvor. Meine Großeltern haben zusammen mit einem anderen Ehepaar auch eine jüdische Frau in einem Pfarrhaus für eine gewisse Zeit versteckt. Was ist das Wunder? Wenn wir unseren Auftrag erfüllen ist das ein Wunder. Hat jeder von uns einen Auftrag? Ja, gewiss. Deshalb sind wir zurückgekommen. Hierher, wo sich das Drama der Erlösung abspielt.

Ein Meister, the *Old Man*

Als mir mitgeteilt wurde, dass mein Großvater gestorben war, schien es, als wäre das Licht in meinem Leben ausgegangen. Ich hatte das Licht danach überall gesucht, aber nicht mehr gefunden. Erst als ich meinen Meister traf, war das Licht in seiner Reflexion wieder in mein Leben getreten. Davor hatte ich das schreckliche Gefühl gehabt in einem Hamsterrad gefangen zu sein. Ich hatte in diesem Sommer 2001 drei ähnliche Städte besucht, Lion, Wien und Prag. Ständig die gleichen Bilder, die Häuser aus der Gründerzeit, die bewaldeten Hänge, nichts Neues unter der Sonne. In Prag sprach ich immerhin mit einer Frau, die Kafka und seinen Vater noch gekannt hatte und auch die Geschichte von dem berühmten Journalisten Egon Erwin Kisch erzählte, der unter dem Dach der Alt-Neu-Synagoge nach dem Golem gesucht hatte. Dieser Golem, der von Rabbi Löw auf magische Weise belebte Mann aus Lehm. Kisch fand nur Taubendreck, aber ich spürte in Prag, dass etwas Großes mit mir vor sich ging. Ich war am Ende einer Reise angekommen, die vielleicht viele, viele Leben gedauert hatte. Nach dieser Reise nach Prag würde ich den

Meister treffen, das wusste ich, und ich nahm mit Verwunderung und freudiger Erwartung wahr, dass jemand von oben eine Art unsichtbares Loch in meinen Kopf hinein bohrte, um meinen Geist dem Kosmos zu öffnen.

Als ich Charles, meinen Lehrer, endlich traf, einen korpulenten Mann in den Siebzigern, sagte er zu mir: „Du musst dich entscheiden!" Das war nicht genau das, was ich in diesem Moment in meinem Leben wollte. Ich hatte gerade einen neuen Job in Berlin gefunden. Sollte ich den aufgeben, um mich ganz dem Studium des Kurses zu widmen? Ich wusste, dass ich in diesem Leben nur einmal die Chance hatte einen solchen Mann zu treffen. Dies war ein Gigant und ein alter Bekannter dazu. Ein paar Wochen später war ich raus aus dem Job und hatte meine Wohnung in Berlin aufgegeben. Ich hatte widerstrebend akzeptiert, dass es auch für mich einen Plan gab, der nicht von Menschen gemacht war. Ich hatte geglaubt, für Gott unter all den Millionen Menschen nur ein bedeutungsloses Staubkörnchen zu sein. Nun wurde mir gesagt, dass ich geortet worden sei, sozusagen im göttlichen GPS eingefangen und mich sicher auf dem Weg nach Hause befand. Viele wunderbare spirituelle Erfahrungen und

Fügungen zeigten mir, dass ich mich tatsächlich in einer anderen Frequenz, ja in einer anderen Welt, befand. Die nächsten acht Jahre widmete ich mich dem Studium des Kurses mit anderen zusammen, die sich ebenfalls diesem Meister angeschlossen hatten. Die Kommunikation zwischen uns ging viel mühe-loser vonstatten, als draußen in der Welt. Dachte man an jemanden, kam er oder sie gleich um die Ecke oder rief an. Brauchte man etwas, wurde es sehr schnell bereitgestellt. Etwas Ähnliches habe ich erst Jahre später wieder auf dem Jakobsweg in Spanien erlebt, wo sich das Wetter und alle anderen Dinge sehr präzise nach unseren Bedürfnissen gerichtet hatten.

Charles war als Sechzehnjähriger zu den *Marines* gegangen, den Bodentruppen der U.S.-Marine, wobei er bei seiner Altersangabe log. Amerika war damals im Jahre 1943 durch den japanischen Überfall auf Pearl Harbor gerade zutiefst erschüttert worden. Charles kämpfte sich mit den amerikanischen Truppen von Insel zu Insel durch den Südpazifik. In Okinawa starb sein bester Freund in seinen Armen, nachdem er in das Feuer der eigenen Truppen geraten war. Nach der Kapitulation des japanischen Kaisers gehörte er zu den ersten amerikanischen Truppen, die

Nagasaki besetzten. Die Zerstörungen in der Stadt durch die Atombombe, die gespenstische Stille und der noch in der Luft hängende Geruch des Feuers, das alles Leben in der Stadt verbrannt hatte. Das bereitete seiner Freude über den amerikanischen Sieg ein jähes Ende und stürzte ihn in tiefe Verzweiflung. Er ging in die Hospitäler der Stadt und verschloss die Augen vor dem Elend nicht. Da er die Gnadenlosigkeit der Bodenkämpfe in Okinawa selbst miterlebt hatte, zweifelte er nicht an der Notwendigkeit des amerikanischen Oberkommandos, Japan ohne eine weitere Bodenoffensive auf der Hauptinsel zur Kapitulation zu zwingen. Da er die Ausweglosigkeit dieser Situation erkannte, nahm er die gesamte menschliche Situation als ausweglos war. Er ging wie in Agonie auf den Berghängen am Rande der Stadt entlang. Dabei traf er einen ehemaligen Feind, einen Soldaten der kaiserlichen japanischen Armee. Dieser war nicht minder verzweifelt als er. Diese beiden Männer fanden ohne Worte zueinander. Der Japaner lud ihn zu einer Teezeremonie ein. In dieser Zeremonie erlebte er zum ersten Mal die Kraft der Vergebung. Dieses Erlebnis hat den weiteren Verlauf seines Lebens bestimmt. Er wurde ein Geschäftsmann. Er hatte ständig so viele Ideen, dass er nicht wusste, was er damit machen sollte, ohne verrückt zu werden. Alkohol war seine Rettung bis in die siebziger Jahre. Erst als es zu spät war, konnte er zugeben ein Alkoholiker zu sein. Er trank sich freudig eine Leberzirrhose an. Schließlich wurde er ins Hospital eingeliefert. Da eine Leberzirrhose nicht heilbar war, wurde er in einen Raum für Sterbende gebracht. Das war unwiderruflich das Ende seiner Trinkerkarriere. Ihm war klar, dass er nun sterben musste.

Aber da erschien ihm ein alter Freund als Lichtgestalt und fragte ihn, ob er eine zweite Chance haben wollte. Er sagte „Ja." Seine Leber war im gleichen Augenblick geheilt. Als er aus dem Sterbezimmer schlurfte, fragte ihn der Doktor entgeistert, wo er denn hin wolle. Viele Ärzte finden es nicht wünschenswert, wenn es zu Spontanremissionen, dem plötzlichen Verschwinden von Krebs, kommt. Sie wollen alles verstehen, was geschieht, und es auf körperliche Belange reduzieren. Und sie wollen die entscheidende Rolle bei der Heilung spielen. Am nächsten Tag verließ Charly das Hospital, obwohl die Ärzte protestierten. Charles Anderson arbeitete fortan im Zwölf-Schritte Programm der Anonymen Alkoholiker bis seine letztendliche Erleuchtung geschah. Während diese begann hatte er so schreckliche

Kopfschmerzen, dass er sich von einer Ambulanz ins Krankenhaus bringen ließ. Während der Fahrt schlug er mit dem Kopf gegen die Metallwand des Vans. Da sagte eine innere Stimme zu ihm: „Du bist in einem Prozess!" „Danke für die Information!" rief er. Im Krankenhaus wurde nichts von einem Tumor oder dergleichen gefunden. Später, als er allein in seinem Zimmer war, hatte er das Gefühl, dass das ganze Universum auf ihn einstürze. Er verkroch sich unter seinem Teppich. Am Morgen war er vollständig erleuchtet. Er wusste, dass die Welt nicht wirklich war. Aber wer war da, der ihm das glauben sollte? Mit der Zeit fanden sich Schüler bei ihm in Wisconsin ein.

Als ihm Jahre später der Kurs der Wunder gereicht wurde, schaute er hinein und sagte: „Wenn ihr das habt, braucht ihr mich nicht mehr!" Aber seine Schüler überzeugten ihn den Kurs zu lehren, was er auch für den Rest seines Lebens auf der Erde tat. Wunder geschahen mit solcher Leichtigkeit in seiner Gegenwart!

Dann gab es das Erlebnis von Henryk. Er fuhr mit großer Geschwindigkeit auf einer einspurigen Brücke entlang bis plötzlich ein Fernlaster vor ihm auftauchte, der ihm schnell entgegen kam. Es gab keine Möglichkeit auszuweichen. Er sah seinem sicheren Tod entgegen. Im letzten Augenblick vor dem Aufprall schloss Henryk seine Augen. Aber nichts geschah. Als er die Augen wieder öffnete, fand er sich 150 Meter weiter an der nächsten Straßenkreuzung wieder. Am nächsten Morgen sagte Charly über Henryk, dass sie ihn von den Toten zurückgeholt hätten. Wunder brauchen nicht so dramatisch zu sein. Aber wir müssen sie wollen. Sie befreien uns von unseren Gedanken und Ideen, zwischen denen wir uns eingeschlossen haben, wie in einem Käfig. Der Kurs bietet daher Freiheit an. Wie es in der Bibel heißt: „All eure Last werft auf ihn!" Wenn wir es lernen Gott in den kleinen und großen Dingen des Lebens zu vertrauen und unsere Sorgen loslassen, dann können wir schon hier glücklich sein.

Über das Verschwinden von Dingen

Heutzutage glauben auch ernstzunehmende Theologen nicht mehr an das leere Grab, wohl aber noch an die Erscheinung des Auferstandenen. Und es ist wohl wahr, wie Eingeweihte berichteten, dass die Tempelritter in einer Höhle in der Gegend von Rennes-le-Chateau etwas verehrten, was sie für die Gebeine Christi hielten. Als wir diesen Sommer dort waren, haben wir zumindest ein Phänomen gesehen: Zwei Adler, die in großer Höhe kreisten und bei jedem Kreis für etwa eine Sekunde verschwanden. Der Himmel war vollkommen blau. Ein gutes Auge konnte aber erkennen, dass die Adler bevor sie in die Unsichtbarkeit glitten, ein Feld durchflogen, das die Sichtbarkeit bereits eintrübte, als wenn darin eine andere Frequenz herrschte. Aus diesen und anderen Gründen habe ich keine Schwierigkeiten mit dem Verschwinden des Leichnames Jesu. Dazu eine letzte kurze Geschichte aus unserer Sammlung. Ich war mit Freunden auf dem Weg von Brandenburg an die polnische Grenze, die zu jener Zeit noch kontrolliert wurde. Unsere Freunde fuhren uns mit einem alten roten Ford Fiesta voraus. Während unserer

Fahrt verloren wir uns aus den Augen, wollten uns aber an der Grenze wiedertreffen, da wir in Wroclaw eine gemeinsame Veranstaltung geplant hatten. An der Grenze war von dem roten Auto keine Spur zu sehen. Als ich unseren Wagen einparkte, stand rechts neben unserer Parklücke ein schwarzer Golf. Als wir Sekunden später ausstiegen, stand genau am gleichen Platz der rote Ford Fiesta unserer Freunde. Ein solcher Austausch von Dingen ist also möglich, wir hatten es alle gesehen. Für uns war damals nur einen Lacher wert. Andere machen aus solchen Sachen etwas Großes oder würden sie niemals glauben, weil sie die Welt für etwas Reales halten.

15. Drittes Gespräch Jesu mit Luzifer

New York City, Central Park, Frühling 20..

Luzifer: Schwarzer Mantel mit Kapuze, schwarzer Bart, schwarze Augen.

Jesus: blauäugig und blond mit Bart und langen Haaren im afghanischen Mantel.

L: „Was ist bloß aus deiner gewaltigen Wiederkehr geworden, Jesus, der berühmt-berüchtigten *Wiederkunft Christi*, in Blitz und Donner und dem Getöse von Fanfaren, die mit Blut triefen, mit zusammenfallendem Himmelgewölbe und einer Erde, die sich öffnet und die Feuerströme aus der Tiefe emporquellen lässt. Und inmitten von all diesem Chaos der leuchtende Messias, der von den Wolken zart herabschwebt, im blonden Haar und mit leuchtend blauen Augen, wie du auch jetzt hier als Hippie gut getarnt im Central Park erscheinst. Und dann die Idee des Richtens: Du wolltest die eine Hälfte der Menschheit zu deiner Linken versammeln und nach kurzem Prozess für immer in die Hölle senden, ins ewige Feuer, wo ich sie peinigen soll mit Forken und Schwefel, weil sie deinen hohen Anforderungen nicht gerecht geworden waren. Und die anderen, diese heiligen Wohltäter und Scheinheiligen, die Frommen, die Frömmler und die sogenannten Gerechten, sie wolltest du an deiner rechten Seite versammeln und mit dir in den Himmel nehmen. Und nun ist aus all dem nichts geworden. Du bist nur als ein Buch zurückgekehrt. Als ein Selbsthilfebuch, wie es schon Tausende gibt. Das war es dann also mit der Wiederkunft Christi."

J: „Ja, die Rache Gottes ist ausgefallen. Eine schlechte Nachricht für den Teufel."

L: „Und mit der Wiederkunft ist auch die Hoffnung auf Erlösung den Bach heruntergegangen. Die müde Welt dreht sich noch immer um die alte Sonne und die Leute warten nach wie vor vergebens auf dich und die Erlösung. Abwechslung kann nur ich ihnen bieten."

J: „Naja, über deine Unterhaltungskünste habe ich meine Zweifel. Die Müdigkeit der Welt kommt ja gerade von deinem ewigen Drehen der alten Leier der Angst, die noch nie etwas Neues anzubieten hatte. Und mit der Erlösung war es noch nie so, dass jemand vergebens auf sie wartete. Aber wer will sie schon ganz und gar? Du sagtest es schon, ich bin als Buch oder besser als eine Botschaft zurückgekehrt. Wer immer strebend sich bemüht, den können wir erlösen, sagte doch schon Goethe. Wir müssen die Leute aber erst überzeugen, dass sie die Erlösung wollen müssen, um sie zu erlangen. Das kann ich für keinen tun. Und du bemühst dich fleißig, die Leute abzulenken. Meine Botschaft soll ihnen eine Brücke bauen aus dem Schlaf der Dunkelheit hin zum mutigen Erwachen im Lichte Gottes."

L: „Ja, klingt ganz nett, der Plan. Und das alles soll ohne Opfer vonstattengehen? Wie lächerlich. Ein Himmel, der angeblich allen offen steht, in den jedoch immer noch keiner hineinkommt. Die Schau der anderen Welt, von der du immerzu sprichst, wer hat sie denn erlangt? Ich kenne kaum einen. Deine Worte klingen klug und so süß wie Honig.

Aber was hat sich denn nun wirklich geändert seit dem der Kurs erschienen ist? Guck dir deine *Course Community* doch an. Tief zerstritten sind sie, verfeindet und in Sekten zerspalten. Die ersten Herausgeber haben sich eine goldene Nase verdient, und damit den Hass vieler auf sich gezogen, bis ihnen der alte Meister das Copy Right entzog und es allen gab. Und Gary, dieser Held, der angeblich aufgestiegene Meister in seinem Wohnzimmer empfängt und ein Buch nach dem anderen schreibt, schimpft in jedem Buch aufs Neue auf den *alten Mann*, als wäre dieser der Teufel selbst, weil der ihn seinerzeit nicht wie einen Meister empfangen hat, sondern wie einen Idioten. Kluge Sprüche sehe ich, aber keine Taten. Wieder nichts Neues unter der Sonne, wie der Prediger in der Bibel schon sagte."

J: „Du triffst wie immer den wunden Punkt, Luzifer. Es hätte alles besser laufen können. Aber das Eigentliche geht dir wieder einmal durch die Lappen, weil du in die falsche Richtung schaust. Du suchst nach Fehlern, weil du selbst einen Fehler gemacht hast. Wer sucht, der findet, wie du ja weißt. In Wirklichkeit läuft alles nach Plan, ob du es nun siehst oder nicht. Und was die Schau anbelangt da haben wir ein paar Anpassungen vorgenommen."

L:„Was meinst du damit?"

J:„Wir haben noch weitere Übungen entwickelt, die der Erlangung der Schau dienlich sein werden."

L:„Was meinst du mit wir? Ich dachte, du hättest den Kurs ganz allein ausgeheckt."

J:„Das Lehrbuch wurde von einer Gruppe aus vier Meistern zusammengestellt. Das waren Meister Eckhard, Mary Baker Eddy, Meher Baba und meine Wenigkeit. Die ersten zwanzig Lektionen des Übungsbuches wurden von einigen Zen-Meistern der Chan-Periode in China entworfen. Wir hatten alle viel Spaß miteinander. Es war ein Party. Im Grunde hast nur du gefehlt, wenn du weißt, was ich meine. Dann hätten wir nämlich auf die Veröffentlichung des Buches verzichten und alle nach Hause gehen können."

Jesus verabschiedet sich und wird von einer Gruppe Pot rauchender Hippies begrüßt, die sich auf Decken auf dem Gras ausgebreitet haben. Jesus lässt sich auf den Boden sinken und nimmt dankbar einen Joint entgegen, den eine blonde Schönheit mit zwei geflochtenen Zöpfen für ihn schon angezündet hat.

Luzifer grinst und verschwindet von der Bildfläche.

16. Die Entwicklung des Vertrauens im Kurs

Der Schüler des Kurses kann wieder in die Welt vertrauen. Er kann sicher sein, dass ihm alle Dinge zum Guten gereichen, weil sein Leben nicht mehr der Kontrolle des Ego untersteht. Nun hat er einer anderen Kraft, dem Heiligen Geist, Einlass in sein Leben gegeben. Er lernt es auf eine Art und Weise wahrzunehmen, die sein Vertrauen in Gott stärkt, anstatt es zu untergraben. Er weiß, dass er immer unter dem Schutz Gottes steht, weil er in dessen Dienst getreten ist. Es zu lernen, auf dessen Kraft zu vertrauen, anstatt auf die eigene, ist das Ziel des Geistestrainings des Kurses.

Am Beginn dieses Geistestrainings scheint es manchmal so zu sein, als falle das Leben des Schülers auseinander. Es scheint als würden ihm Dinge entzogen, die er für seine Sicherheit und seine Freude braucht. In Wirklichkeit dienten ihm die Dinge, die jetzt sein Leben verlassen, gar nicht wirklich. Er hatte sich an sie gebunden, auf sie vertraut und dadurch den Blick dafür verloren, wo seine wirkliche Sicherheit liegt. Nun muss er lernen, alle Dinge auszusortieren, die nicht hilfreich sind. Er muss lernen, dass das Gelernte auf alle Situationen anwendbar sein muss, wenn es wahr ist. Alle Dinge, Begegnungen und Umstände, die jetzt in sein Leben treten, werden hilfreich sein, da Gott sie in sein Leben schickt.

Es kann nun so aussehen, als müsse der Schüler des Kurses seine eigenen besten Interessen der Wahrheit opfern. Das ist aber ganz unmöglich. Er hat noch nicht begriffen, dass sein ganzes Leben mit wertlosen Dingen angefüllt ist und muss lernen, welche Dinge wirklich Wert besitzen.

Es wird auch Zeiten des Friedens geben, in denen der Lehrer Gottes wie auf Engelsschwingen leicht dahingetragen wird. Aber das bleibt meistens nicht so. Es ist wie alles im Leben ein ständiges Auf und Ab, aber im Laufe der Zeit schwingt sich der Schüler immer höher hinauf. Er gewöhnt sich an den inneren Frieden und erträgt das Aufkommen von Zweifel und Angst immer weniger. Die Lektionen des Kurses oder andere Gebete, wie das Jesusgebet, können ihm helfen, den inneren Frieden zu schützen oder wieder herzustellen.

Letztendlich wird der Schüler aufgerufen der inneren Stimme immer mehr zur Verfügung zu stehen. Dies mag Ängste auslösen, denn er kann das Gefühl haben, die innere Freiheit zu verlieren, weil er jetzt einer höheren Ordnung untersteht.

Am Ende der Entwicklung des Vertrauens steht die Vollendung. Hier kann der die Stimme des Heiligen Geistes immer dann hören, wenn er innerer Führung bedarf. Der Frieden Gottes ist der Lohn für sein Vertrauen. Angst wird nicht mehr Teil seines Lebens sein. Die Freiheit die er verloren zu haben glaubte, hat ihn gefunden.

17. Die Wahrnehmung des Nächsten als Pfad der Heilung

Der Weg der Erlösung im Kurs konzentriert sich auf die Wahrnehmung der Anderen. Wenn wir unsere Brüder als getrennt von uns wahrnehmen, verweigern wir ihnen die Erlösung, auf die sie als Kinder Gottes ein Anrecht haben und wir werden uns daher selbst als unerlöst und als in einem Körper sehen. Als Körper werden wir immer wieder die Erfahrung des Sterbens machen, die das Schicksal aller Körper ist. Wenn wir jedoch darum bitten, unsere Brüder als eins mit uns und als vollkommen unschuldig zu sehen, wird uns diese neue Wahrnehm-ung zuteilwerden, die im Kurs die *Schau Christi* genannt wird. Dies ist eine holografische Gesamtschau der Welt in ihrer unverbrüchlichen Einheit im Geiste. Diese Geistesveränderung kann der Schüler allein nicht zu Stande bringen. Sie ist das größte aller Wunder und wird jenen verliehen, die die Erlösung für sich und alle anderen erbeten.

18.   Vergebung als Antwort

Diese Welt wurde gemacht, um der Idee der Trennung Wirklichkeit zu geben. Nach einer anderen Lesart, die im *Kurs der Liebe* vertreten wird, wurde die ursprüngliche Welt gemacht, um dem Unsichtbaren in der Form Ausdruck zu verleihen und es über die Sinne wahrzunehmen. Erst die in diese vollkommene Welt eingeführte Idee der Trennung hat danach zum „Fall" geführt, also zu unserer heute sichtbaren gefallenen Welt.

Unter der Schirmherrschaft der Erlösung, wird diese Welt nun zu einer Lehreinrichtung der Heilung, der Vereinigung und der Liebe. Diese Welt war nie eine Tatsache. Da Gott mit dem Plan der Erlösung auf sie antwortete und sie damit augenblicklich aufhob, ist die Welt in Wirklichkeit schon vergangen. Sie ist jetzt nur noch eine Erinnerung. Der positive Sinn und Zweck dieser Erinnerung ist die vollständige Vergebung der Kinder Gottes sich selbst, einander und ihrem Vater gegenüber. Dies scheint viel Zeit zu brauchen und die Unterstützung vieler Lehrer Gottes. In

Wirklichkeit braucht sich der Sohn nur selbst zu verzeihen, denn es gibt keinen anderen.

Wenn die Vergebung vollständig ist, hat die Welt ihren Zweck erfüllt und wird aus der Wahrnehmung verschwinden. Danach wird für kurze Zeit die wirkliche Welt erscheinen, die alle liebevollen Gedanken enthalten wird, die in dieser Welt gegeben wurden. Nach einem letzten Segen auf diese höchste Form der Wahrnehmung wird diese der Einsicht weichen, dem endgültigen Erwachen in die Wirklichkeit. Damit ist der Sohn Gottes in die Arme seines Vaters zurückgekehrt und die Reise, die niemals wirklich geschah, ist zu Ende.

19. Neue Hoffnung für die Welt

Gleich am Anfang des Lehrerhandbuches steht das Angebot, dem Leben einen neuen Sinn zu geben. Bisher hatte der zukünftige Lehrer Gottes die Welt dazu verwendet, sich vor Gott zu verstecken und die Wirklichkeit der Trennung zu beweisen. Nun steht zum ersten Mal die Tür zu einer anderen Entscheidung offen. Der Schüler kann sich jetzt sein Gedankensystem ohne Angst anschauen, da ihm eine Alternative gezeigt wurde. Bisher hat er ein illusionäres Selbst aufgebaut und verteidigt. Mit dem Beginn seiner Ausbildung zum Lehrer Gottes stimmt er zu, dieses Selbst Schritt für Schritt aufzugeben und sich die Erinnerung an sein wahres Selbst zurückgeben zu lassen.

Damit wird er zu einer neuen Hoffnung für die Welt. In die geschlossene Lernsituation der Welt, in der die Idee des Todes die einzige Hoffnung auf Entrinnen zu enthalten scheint, bringt er das Wissen um einen wirklichen Ausweg. Indem der Lehrer Gottes seinen Auftrag erfüllt, diese Lehre an jene weiterzugeben, zu denen er gesandt wurde, lernt er seine eigene Lektionen und nimmt schließlich die Sühne für sich an, was nichts anderes heißt, als dass er seine eigene Unschuld und die seiner Brüder akzeptiert.

Die Entscheidung ein Lehrer Gottes zu sein, bringt eine tiefe Initiation im Geiste des Schülers hervor. Diese verändert sehr bald das eigene Leben und das Erleben der Welt. In früheren Zeiten wurde eine solche Einweihung nur von geheimen Bruderschaften an verborgenen Orten in einer dramatischen Aufgipfelung der zu enthüllenden Ideen in der symbolischen und verdichteten Form eines Rituals vollzogen. Das ist heute anders und doch in gewisser Hinsicht immer noch so. Nur werden die dramaturgischen Aspekte der Einweihung jetzt dem Leben selbst, also der Kontrolle und Fürsorge des Heiligen Geistes überlassen. Dennoch ist diese Einweihung, die mit der Entscheidung für diesen Kurs einhergeht, eine der tiefsten von der wir Kenntnis haben. Durch die Veröffentlichung der tiefsten Mysterien im Kurs haben viel mehr Menschen heute die Möglichkeit diesen Schritt zu tun. Die Notwendigkeit dafür liegt in der verzweifelten Situation, in der die Welt sich befindet und dem dringlichen Bedürfnis nach einer Lösung.

Die Welt braucht schnelle Hilfe und die Lehrer Gottes sind das Mittel dazu.

20. Das Leben der Lehrer Gottes

Wie können wir uns das Leben der Lehrer Gottes vorstellen? In vielem gleicht es dem Leben anderer Menschen. Aber es ist so wie es Jesus im Kurs verspricht. Ihre Stirn ist glatter, weil sie sich weniger Sorgen machen. Sie lernen es mehr und mehr zu vertrauen. Sie erkennen, dass es tatsächlich jemanden gibt, der für sie sorgt. Zuerst jedoch, wenn der neue Schüler sich mit den Lektionen des Kurses beschäftigt, wird er bemerken, dass mehr Zorn in ihm aufsteigt als zuvor. Das kann von einem inneren Widerstand gegen das neue Gedankensystem herkommen oder auch aus der Erinnerung an alte Verletzungen. Auf einmal sieht sich das Ego mit einer Alternative konfrontiert, mit der es nicht gerechnet hatte. Nur durch das Durchhaltevermögen aller erfolgreichen Gottes-kämpfer kann man diese Phase überwinden. Im Kurs wird dies Reinigung und Vergebung genannt. Diese Phase kann Jahre dauern, und man sollte hier Geduld mit sich selbst haben, sie kann aber auch viel kürzer dauern. Es heißt im Kurs, dass es es nur *eine* Entscheidung für Gott braucht, um den Durchbruch in die innere Freiheit zu vollbringen. Danach beginnt der Aufstieg ins Licht. Dies ist eine Zeit des Dienstes, in der der Schüler des Kurses den Anweisungen seiner inneren Intuition folgt, weil er erkennt, dass seine Freude darin liegt, hilfreich zu sein. Manchmal mag er sich ein wenig herumkommandiert fühlen vom Heiligen Geist. Aber letztendlich wird er zugeben, dass das innere Selbst viel besser weiß, was ihn glücklich macht als er selbst. Am Ende des Weges steht die Vollendung, die in dem Moment erreicht wird, in dem die Vergebung vollständig ist. Der Geist, sagt Jesus, hat bereits beschlossen, wann dies sein wird. Wir brauchen uns daher keine Sorgen machen, dass wir das Ziel verfehlen, unsere Erleuchtung ist unausweichlich. Wir gehen zurück zu Gott und die ganze Welt erwacht mit uns. Und übrigens ist es nicht unsere Aufgabe jemanden zu korrigieren und jemandem zu predigen, diese Zeiten sind vorbei. Korrektur ist für uns, die wir diesen Weg gehen, nicht für die anderen. Dies schließt normale soziale Reaktionen auf das Fehlverhalten anderer nicht mit ein. Wir können die Dinge auch weiterhin aussprechen, die uns an anderen Menschen auf die Palme bringen, wenn sie uns selbst mitbetreffen. Es ist wichtig unsere Wut nicht in uns hineinzufressen oder zu spiritualisieren. Wir müssen ehrlich mit uns selbst und anderen sein. Hier reden wir von einer abstrakten Wahrheit, der wir manchmal Ausdruck verleihen, und manchmal nicht.

II. Den Weg der Liebe gehen

1. Das Problem

Wenn wir uns auf der Suche nach Liebe und Frieden befinden, ist unser grundlegendes Problem nicht das Fehlen von Liebe außerhalb von uns. Die Liebe muss immer zuerst in uns gefunden werden, bevor sie von außen widergespiegelt werden kann. Wenn wir uns aber nicht in der Fülle der Liebe wiederfinden, dann müssen wir denken, wir seien ihrer nicht würdig. Wenn das Problem gelöst ist oder besser, wenn dieses Gefühl geheilt ist, dann werden wir keine Probleme mehr haben, Liebe innerhalb oder außerhalb von uns zu finden. Der Kurs bietet uns neue Ideen darüber an, wer wir sind und zeigt uns die Richtung für unsere Suche nach Liebe auf und auch wo wir sie finden können. Aber wir müssen bereit sein, unsere Meinung über eigentlich alles zu ändern. Das ist nicht einfach. Die meisten von uns wollen lieber Recht haben als glücklich zu sein. Das gesteht sich zwar kaum einer ein, aber er verteidigt sein Gedankensystem doch oft so wie sein nacktes Leben, ohne sich je ehrlich anzusehen, was er da eigentlich verteidigt und warum.

2. Die Liebe ist nicht außerhalb

Um dem Kurs zu folgen, müssen wir einige grundlegende Annahmen als Möglichkeit in Betracht ziehen und uns ihnen wenigstens versuchsweise öffnen. Die zentrale Idee dieser Lehre sei hier noch einmal genannt: Die Quelle der Liebe ist nicht außerhalb von uns. Weiterhin ist nichts, was wir sehen außerhalb von uns, sondern ein Spiegelbild eines inneren Zustands. Dies ist die am schwersten zu akzeptierende Idee. Im Osten wird dieser Geisteswandel der direkte Pfad genannt. Dieser indische Pfad der hinduistischen Vedanta ruft zu einer Identifikation mit dem Gewahrsein selbst auf, das alle Dinge mit einschließt und ohne Grenzen ist. Damit ändert sich alles. Wenn wir unsere Meinung darüber ändern, wer wir sind, verändert sich auch die Welt.

Die Welt, die wir sehen, ist nicht unsere Quelle. Die Quelle der Welt ist in unserem Kopf oder besser in unserem Geist. Wenn das stimmt, dann halten wir noch immer die Macht in unseren Händen, unser Leben und sogar die Welt zu ändern. Wir haben zwar die Welt gemacht, wir haben sie geträumt, aber wir haben uns nicht selbst erschaffen. Es gibt eine Quelle im Universum, die uns erschaffen hat und die sich noch immer um uns kümmert. Wir haben eine Erinnerung an diese innere Quelle in unseren Herzen, aber auch Angst vor ihr, weil wir glauben schuldig geworden zu. Unsere Schuld ist nur eingebildet, obwohl sie hier in der Welt sehr wirklich erscheinen kann. Die Quelle unserer Identität ist noch immer gegenwärtig als eine innere Stimme. Diese Stimme kann uns lehren wieder zu lieben und das Glück zu finden, wenn wir ihr folgen. Sie wird immer für die Vergebung Partei ergreifen, weil dies der Weg der Erlösung ist.

3. Vergebung bringt uns zurück zur Liebe

Durch Vergebung erheben wir uns über den Nebel von Schuld und Angst und erwachen in dem Licht der Wirklichkeit. Der erste Schritt zu einer neuen Art des Lebens in der Liebe kann folgendes Eingeständnis sein:

Ich kenne die Antwort nicht, aber ich kann darum bitten.

Wir brauchen noch nicht einmal sicher zu sein, wen oder was wir um die Antwort bitten, es ist nur wichtig, dass wir innerlich bereit sind, auf eine innere Stimme zu hören, die nicht identisch mit unserem Verstand ist. Jeder hat die Erfahrung gemacht, dass die Welt auf den inneren Zustand reagiert. Wenn wir glücklich sind, lächeln uns Menschen auf der Straße zu, wenn wir dagegen wütend sind, werden wir angerempelt und sammeln all die schlechten Energien ein, die uns umgeben. Wie ist das möglich?

4. Alle Dinge sind miteinander verbunden

Die Quanten-Physik hat herausgefunden, dass es eine andere Welt gibt, eine Welt, wo alles mit allem gleichzeitig kommuniziert. Dies wird bereits durch das EPR-Paradoxon bewiesen, auf das Einstein gestoßen ist, an das er aber nicht glauben wollte, als er mit zwei Kollegen die Quanten-Formeln von Plank durchrechnete. Dieses Experiment zeigt dass, wenn ein Partikel in zwei Teile zerschlagen wird und beide Hälften mit Lichtgeschwindigkeit in entgegengesetzten Richt-ungen davonsausen, die beiden noch immer als *ein* Teilchen reagieren. Auch wenn die beiden Teilchen Millionen Lichtjahre voneinander entfernt sind und eines von ihnen abgelenkt wird, reagiert das andere im gleichen Augenblick, mit einer identischen aber spiegelbildlichen Ablenkung. Dieses Experiment, auch Quantenverschränk-ung genannt, gibt uns den Schlüssel für unseren Kurs, denn es transzendiert die Gesetze von Zeit und Raum. Es zeigt uns, dass die Welt, die wir sehen, nicht real ist, weil geteilte Partikel noch immer als eins reagieren. Warum tun *wir* das nicht?

5. Die Macht der Ideen

Viele nutzen dieses Gesetz der Doppelung für Magie. Die moderne Magie hat sich die Idee zu eigen gemacht, dass das ganze Universum aus einem Partikel hervorgegangen ist, dem so genannten Hicks-Quant, das direkt nach dem Urknall entstanden ist und sich danach in Billionen von anderen Teilchen teilte, aus denen unser Universum von Zeit und Raum hervorgegangen sein könnte. Wenn das wahr ist, können sich die diese Zwillings-Teilchen überall befinden und mit jeder Veränderung das ganze Universum beeinflussen. Auch in der Theorie der Magie haben alle Ereignisse einen Zwillings-Aspekt, eine Art Blaupause in den unsichtbaren Welten. So könnte zum Beispiel ein Schamane in einer Vision sehen, dass eine Flut sein Dorf zerstören wird. Dies wäre eine Blaupause in der geistigen Welt auf dem Weg zur Manifestation in der sichtbaren Welt. Er könnte nun, um sein Volk zu schützen, ein Modell seines Dorfes bauen und dieses Modell fluten, also die Flut im Kleinen vorwegnehmen. Wenn er darin erfolgreich war, hat der damit den zweiten Teil des Zwillingsereignisses bereits vollbracht und die kommende

Flut abgewendet. Andersherum kann er eine Blaupause von einem erwünschten Ereignis erschaffen, damit es in der sichtbaren Welt Gestalt annehme. Die alten Höhlenzeichnungen, die Jagdszenen zeigen, könnten einen solchen Jagdzauber darstellen. Aber wir werden hier dem Weg der Magie nicht folgen. Das brauchen wir gar nicht, weil wir eines größeren Schutzes teilhaftig sind, als wir ihn je in unserer eigenen Phantasie erträumen könnten. Der Weg der Magie kann aber aufzeigen, dass diese Welt aus Ideen gemacht ist, genauso wie Plato es bereits in seinem Höhlengleichnis behauptet hat.

Andere Ideen bringen andere Ergebnisse. Wir kennen diese anderen Ideen nicht, denn sie kommen von außerhalb von Raum und Zeit. Wir öffnen unseren Geist daher dem inneren Lehrer, da die Lösung nicht von uns, aber für uns kommt.

Unser nächster Schritt kann dann lauten: *Ich lasse heute meine alten Ideen los und öffne meinen Geist für neue Ideen.*

6. Geistesänderung als Wunder

Jede grundlegende Änderung des Geistes ist ein Wunder. Wenn wir aus diesem Traum der Isolation aufwachen wollen, müssen wir um Wunder bitten. Glücklicherweise sind Wunder natürlich, denn Gott kümmert sich durch sie um seine Kinder, und diese Welt ist nur ein Traum, der ihn nicht aufhalten kann. Um es noch einmal zu wiederholen, sind Wunder eine kurzzeitige *Wiederherstellung* der Gesetze Gottes, nicht ihr Außer-Kraft-Setzen. Wunder treten auf, wenn wir die Kontrolle für einen Moment über unseren Geist loslassen. Wunder können für diejenigen beängstigend sein, die diese Welt unbewusst gebrauchen, um sich vor dem Licht, das in Wirklichkeit um sie herum leuchtet, zu verstecken. Das machen die meisten Menschen, die auf der Erde leben, sonst würden sie nicht hier sein. Aber wenn jemand einem spirituellen Pfad zu folgen beginnt, ändert er seine Meinung, und er erkennt, dass es nichts gibt, was er verstecken oder für sich alleine behalten möchte.

Dieser Kurs ist der Vergebung gewidmet. Das kann zu ganz praktischen Schritten führen. Wir können zum Beispiel die Namen aller Menschen notieren, gegen die wir etwas haben. Dann versuchen wir zu erkennen, dass Liebe nur dann zu uns zurückkehren kann, wenn wir allen von ihnen vergeben haben, was auch immer sie uns angetan haben mögen. Sicher wird es bestimmte Personen geben, denen wir nie verzeihen wollen. Wir fangen daher mit dem kleinsten Groll gegenüber jenen an, die wir noch immer lieben und arbeiten uns von da aus zu den schwierigeren Fällen vor. Auf diese Weise lernen wir, wie man verzeiht und was Vergebung für uns tun kann. Wir sollten uns bei dieser harten Seelenarbeit auf jeden Fall versichern, dass dies nur unser Traum ist. Diese Menschen konnten uns diese Sachen nur antun, weil wir irgendwo darum gebeten haben. Das Gleiche gilt für Ereignisse aller Art. Selbst Kinder können nur das Schicksal erleiden oder erfahren, das mit ihrer Seele und ihrem Karma vereinbar ist. Dies ist ein schwer zu akzeptierender Gedanke. Wir haben uns als Menschen an das Opferdasein und den Schmerz gewöhnt. Wir sind ja hier, weil wir etwas anderes erfahren wollten, als des Himmels heitere und vollkommen unschuldige Freude. Wir bitten jetzt um die Bereitschaft, allen unseren Brüdern und Schwestern zu vergeben.

7.   Liebe kann nicht zurückgehalten werden

Um die Liebe in unseren Herzen zu fühlen, müssen wir es erweitern. Liebe kann nie zurückgehalten werden. Wir müssen sie ausdehnen, um zu erkennen, dass wir sie haben. Deshalb können wir nicht wirklich Liebe von außen nach innen hereinbringen, wie wir es immer wieder versucht haben. Die Liebe kommt von innen, weil Gott innen ist und weil es im Außen nur Widerspiegelungen gibt. Wir haben uns sozusagen in einem Spiegelkabinett verirrt. Die verzerrten Bilder der Spiegel um uns korrigieren zu wollen, wird nur unnötige Zeit verbrauchen und uns niemals die ersehnte Freiheit bringen. Wir sind ganz im Gegenteil noch immer die Herren unseres Schicksals, weil alles, was wir wünschen, immer noch in uns ist. Aber wir haben uns der inneren Stärke und Macht beraubt, indem wir uns dem Leben verweigert und mit uns selbst gegeizt haben. In dem wir den natürlichen Wunsch zu lieben aus bestimmten Gründen zurückgewiesen haben, haben wir die Liebe selbst aus den Augen verloren. Können wir jetzt, in diesem Augenblick, wieder anfangen von uns selbst zu verschenken? Wir können jetzt allem was in unserer

Reichweite ist, Aufmerksamkeit schenken. Aufmerksamkeit zugeben bedeutet, bewusst zu sein und nicht mehr zu schlafen. Mehr und mehr bewusst zu leben, ist Aufgabe für ein ganzes Leben. Es muss immer wieder geübt werden. Wir sollten unsere Liebe von unserem Herzen aus auf alle Wesen ausdehnen, wenn wir unser Herz befreien wollen. Je mehr wir diese Liebe gehen, desto mehr werden wir sie fühlen und desto mehr wird zu uns zurückgespiegelt werden.

8. Verschmelzen

Wenn wir nicht mehr 100% mit dem Körper identifiziert sind, können wir die Arbeit tun, um die wir gebeten werden. Diese Arbeit beinhaltet die Wiedervereinigung des Körpers mit dem ganzen Universum. Wenn dies geschehen ist, gibt es nichts mehr zu vergeben, anzugreifen oder abzuwehren. Der Körper wird als ein einheitlicher offener Raum erfahren, mit allem vereinigt. Unser Wille sollte die ganze Zeit über mit dem Universum vereinigt sein. Wir sind dann in der Lage, Nachrichten von unserem Höheren Selbst zu erhalten und allen Lebewesen zu dienen, die unser Leben berühren. Die Liebe wird nicht mehr im Außen gesucht, sondern als Ausdehnung unserer Selbst gegeben. Es wird eine nie endende Fülle in uns gefunden. Wir können jetzt sagen: „Ich gebe mich weg um mein Selbst zu finden."

III. Der Kurs im Leben

1. Dem Ruf Folge leisten

Nun hast du von dem Angebot Gottes gehört. Du hast davon gehört, dass die Welt nur dein persönlicher Traum ist. Alles ist noch immer vollkommen, denn dein Traum hat die Wahrheit über dich nicht ändern können. Andererseits heißt das auch, dass deine Versuche, dich neu zu erschaffen, fehlgeschlagen sind. Deshalb bist du nicht wirklich der, als der du auftrittst und den du hier verteidigst.

Deine Identität als die eines körperlichen Wesens, das vom Rest des Universums getrennt ist, besteht so nicht. Auch hat die Welt, die du um dich herum siehst, keine Bedeutung, denn sie spiegelt nur jene Facetten deiner zersplitterten Identität wieder, die du als von dir getrennt beurteilt hast. Aber wie kannst du neuen Lebensmut fassen, wenn du dies alles verstanden und akzeptiert hast? Du lebst in einer Welt, in der es so viel Leiden zu geben scheint, die sich in Wirklichkeit jedoch nur in deinem Geist abspielt. Du kämpfst darum zu überleben und versuchst eine Identität aufzubauen, die nur dir etwas bedeutet. Und all deine Leiden und Anstrengungen sollen nun alle vergebens gewesen sein? Nein, ganz so ist es nicht. Alles was du bisher getan hast, hat dich zu diesem Moment geführt. Und jetzt hast du die Möglichkeit dich neu zu entscheiden für die Stimme des ganz Anderen, der dir frohe Träume geben wird im Austausch gegen die deinen. Diese Träume wirst du nicht mehr allein träumen und die Last der Verantwortung wird nicht mehr auf deinen Schultern liegen. Die Bedeutung, die ein jeweiliger Tag haben wird, kann als ein Geschenk verstanden werden, denn sie wird den Dingen nicht mehr künstlich aufgepfropft worden sein. Die Bedeutung beantwortet nun die Frage: „Dient es der Liebe?" Wenn ja, gut. Wenn nein, dann ist es bedeutungslos.

Wir leben jetzt ein Leben des Dienstes, eines Dienstes an Gott und unseren Brüdern und Schwestern. Das mag übertrieben klingen, denn vielleicht hat sich unser Leben ja gar nicht so sehr verändert. Aber nicht was wir im Einzelnen tun, ist hier wichtig, sondern aus welchem Grunde wir es tun. Wenn du dein Leben Gott gegeben hast, dann werden dir alle Dinge auf ganz andere Weise dienen, als zuvor. Aber auch das ist nur der Anfang. Es geht uns hier ja nicht um bessere Träume, sondern ums Erwachen aus allen Träumen. Du kannst schon jetzt erkennen, dass du den Himmel nie verlassen hast, ohne Zeit dafür zu brauchen. Wenn du das als wahr akzeptierst, ändert sich deine Perspektive. Dann brauchst du dich nicht mehr gegen die Welt zu verteidigen, denn du weißt, dass sie bereits vor langer Zeit aufgehoben worden ist.

Du kannst jetzt ganz auf den Heiligen Geist vertrauen, der dich sicher durch diese erinnerte Welt lenkt, dich zu Brüdern führt, die dein Licht brauchen und die dich durch ihr Erwachen aus deinen eigenen Träumen erwecken. Was aber wird nach dem Erwachen sein? Wo werden wir uns ohne diese Welt wiederfinden? Der Kurs spricht von der vergebenen Welt. Und dann von der *Erkenntnis*, früher Gnosis genannt, dem Entschwinden im unendlichen Licht Gottes. Das ist das Ziel. Das ist nicht das Ende des Lebens, sondern die Wiederkehr des wirklichen Lebens. Wir können immer wieder Welten erschaffen. Und wir haben es immer getan. Es gibt sehr viele Universen. Die Anzahl der Abenteuer, die wir dort erleben und erschaffen können ist unendlich. Langeweile ist ein Privileg von Erdbewohnern, die auf ihrem Sofa vor dem Fernseher liegend, ihre

Leidenschaft schon lange unter einer Decke von Bequemlichkeit und Feigheit vergraben haben. Das ist nicht, was Gott für uns gewollt hat. Das Leben das wir auf der Erde führen ist so tot, dass man sich das im wirklichen Universum gar nicht vorstellen kann. Was ist es, das diese Welt so stumpf und öde erscheinen lässt? Es ist scheinbar die verdichtete Materie, die vollkommen lichtundurchlässig ist.

2. Der Umgang mit Schuld

In Wirklichkeit ist es aber die Verleugnung der Stimme für Gott, die einen Großteil der Menschheit in Dunkelheit leben lässt. Es ist das Leben in der Trennung, das das Gegenteil eines Lebens in vollkommener Verbundenheit ist, so wie es in den Universen der wirklichen Welt gelebt wird. Wie kann dieser Fehler jemals behoben werden? Der Kurs ist eine der Antworten des Himmels auf den Hilferuf der Menschheit. Er spricht nur über die wichtigen Dinge. Er vergeudet keine Zeit. Buddha sagte einmal sinngemäß Folgendes: „Wer in einem brennenden Haus steht, sollte keine Gespräche über die Ursache des Feuers und die Beschaffenheit der brennenden Materialien führen, sondern nur eines tun, das Haus verlassen." Damit sprach er vom Erwachen.

Der Kurs bleibt dieser Forderung treu. Darum weist er immer in Richtung Vergebung. Warum ist Vergebung so wichtig? Weil wir für die Welt, die wir sehen, verantwortlich sind. Soweit geht der Buddhismus gewöhnlich nicht. Der spricht von „gegenseitiger

Bedingtheit". Das bedeutet, dass niemand die Welt verursachte, sondern dass eine unendliche Verkettung von Umständen zu ihr geführt hat. Die Verantwortung bleibt so im Dunkeln. Der Kurs will niemanden schuldig sprechen, sondern lehrt, dass Schuld eine Illusion ist. Bevor wir das friedvolle Land der Unschuld betreten können, müssen wir jedoch die in unserem Geist vorhandene Schuld in ihrer Gesamtheit auf uns nehmen. Das schließt auch die Schuld mit ein, die uns die Welt widerspiegelt. Wir haben die Welt gemacht, um diese Schuld loszuwerden. Nun sollen wir sie zurücknehmen und an den Heiligen Geist übergeben. Wir müssen den Mut aufbringen unsere Selbstverteidigung und all unsere Rechtfertigungen fallen zulassen, um für einen Moment vollkommen schuldig zu sein. Nur wenn wir das zu tun bereit sind, werden wir in den Genuss der Vergebung Gottes kommen. In diesem Sinne weist die Beichtpraxis der katholischen Kirche in die richtige Richtung. Gott vergibt nicht, weil er nie verurteilt hat, heißt es im Kurs. Aber diesen Ort, an dem es keine Verurteilung gibt, muss man erst einmal erreichen. Wer sich schuldig fühlt, braucht die Versicherung der Vergebung. Darum ist es so wichtig, dass wir einander vergeben. Nur dann können wir darauf vertrauen, dass auch Gott uns vergeben hat. Wer nicht vergibt, muss sich schuldig fühlen, denn die Schuld, die er in der Welt sieht, muss seine eigene sein.

Wie kann der Kurs uns nun helfen aus unserer Festung des Angriffs und der Selbstverteidigung heraus-zukommen? Solange wir uns in dieser Festung befinden, müssen uns all unsere Schuldzuweisungen als unumstößlich und gerechtfertigt erscheinen. Es braucht ein Wunder um unsere Meinung darüber zu ändern. Aber auch ein Wunder braucht eine innere Vorbereitung, die Jesus Reinigung nennt, wie wir schon sagten. Liebe kann in keinen verängstigten oder hasserfüllten Geist eindringen. Darum arbeitet der Kurs mit unseren Überzeugungen. Wenn wir erkannt haben, dass unser Gedankengebäude auf einer unhaltbaren Grundlage steht, können wir es Stück für Stück vom heiligen Geist auseinander nehmen lassen. Erst wenn wir es in Frage gestellt haben, kann das Licht der Wahrheit eindringen. Der Kurs nimmt nicht nur unser Ego-Denksystem auseinander, er gibt uns auch gleich eine Alternative mit. Dieses neue Denken ist eine Übersetzung dessen wie Gott denkt in unsere Raum-Zeit-Realität. Nun befinden sich zwei Denksysteme in unserem Geist. Damit scheint sich der Konflikt verschärft zu haben. In

Wirklichkeit wurde er nur ins Bewusstsein gehoben, wo er geheilt werden kann. Ins diesem Sinne braucht auch die Praxis des Kurses Geduld und Vertrauen. Ein Scheitern kann es nur für jene geben, die auf halber Strecke aufgeben. Wer sich aber mit der Kraft Gottes an seiner Seite auf den Weg nach Hause begibt, wo er in Wirklichkeit schon ist, muss letztendlich erfolgreich sein. Der Weg wird schneller und sicherer zurückgelegt werden, wenn wir gleich am Anfang all jenen vergeben, gegen die wir Groll hegen. Das müssen wir am Ende ohnehin tun. Dazu können wir speziell den vierten Schritt des 12-Schritte-Programms der Anonymen Alkoholiker verwenden. Die Stärke dieser Methode liegt darin, dass sie uns die Verantwortung für das Unrecht wieder zurückgibt. Damit erheben wir uns über das Dasein als Opfer. Ähnliches kann *The Work* von Byron Katie vollbringen. Auch der Kurs besitzt spezielle Übungen für die Vergebung. Weitere wirkungsvolle Methoden, die uns über das Schlachtfeld unseres Geistes erheben, sind Meditation und die Übung des Gewahrseins.

3. Meditation

Über Meditation wurde schon vieles geschrieben, aber nicht alle sind darin erfolgreich, wenn wir Erfolg als das Betreten eines ausgebreiteten friedvollen Gewahrseins be-zeichnen wollen. Wenn der Geist still ist, muss er sich dem Gewahrsein zuwenden, das die Natur des Geistes ist. Dieses Gewahrsein wird in uns wachsen, wenn wir ihm Aufmerksamkeit schenken. Selbst wenn wir die Lektionen des Kurses unablässig wiederholen wird das Heraufdämmern des Gewahrseins sich nicht automatisch vollziehen. Was können wir also tun?

Um Meditation gelingen zu lassen und wiederholte Frustration zu vermeiden sind einige Dinge zu beachten. Nachdem man sich möglichst mit geradem Rücken hingesetzt hat, sollte man zuerst ein paar Mal tief atmen und sich im Raum umschauen. Dann sollte man den Körper scannen und sich fragen wie man sich heute fühlt. Weiterhin sollte man sich klar machen, warum man heute meditieren will, also die Motivation für die tägliche Meditation immer frisch halten. Die eigentliche Meditation wird bei Anfängern mit der Zählung des Atems durchgeführt, wobei bei jedem Atemzug zwei Nummern gezählt werden, 1–2, 3–4, 5–6, 7–8, 9–10 und dann wieder von vorne. Es kommt dann darauf an, weder den Atem noch den Zustand des Geistes aktiv ändern zu wollen, sondern sie dem Prozess des er-wachenden Gewahrseins selbst zu überlassen.

Wenn unser Geist stiller geworden ist, können wir die Botschaften des Heiligen Geistes besser hören. Wir wissen in jedem Moment, wo wir zu sein haben und was wir tun sollen. Es ist keineswegs so, dass eine ständige Aufopferung für andere von uns verlangt werden wird, wie wir es oft befürchten. Der Heilige Geist kennt uns besser, als wir selbst uns kennen, weil er unser eigener ganzer Geist ist, wie es im Urtext heißt. Daher werden wir besser für uns selbst sorgen als zuvor, ausgiebige Spaziergänge in der Natur machen und auf eine gesün-dere Ernährung achten. Warum ist Vergebung nun so wichtig in der Lehre des Kurses der Wunder? Um dies zu verstehen müssen wir uns noch einmal die hier vertretene Kosmologie vergegenwärtigen. Gott wird als die Quelle von allem was ist angesehen. Darum sind wir Teil von ihm. Das bedeutet, dass jeder von uns einzigartig ist und dass Gott doch alle Wesen als Teil von sich in seinem Geist einschließt. Wenn wir nun jemanden, der Teil von uns ist, aus unserem Geist ausschließen und als getrennt von uns sehen wollen, muss uns das Gewahrsein unserer Identität verloren gehen. Wenn wir vergeben, lassen wir ihn zurück in unseren Geist sinken und wir erinnern uns, dass alle Dinge Teil von uns sind und wir Teil von Gott sind.

4. Die Kabbala

In der Kabbala wird davon ausgegangen, dass die Trennung von Gott wirklich stattgefunden hat. Der Sohn Gottes, in der Kabbala als *Adam Kadmon* bezeichnet, hatte es nach dieser Lesart irgendwann satt die Gaben Gottes umsonst zu empfangen. Diese scheinbar unverdienten Gaben werden im Mythos der jüdischen mystischen Tradition die *Brote der Schande* genannt. Nun braucht Adam, nachdem er sich selbst aus dem Himmel herausgeworfen hatte, Hilfe. Die Kabbala stellt ihm diese Leiter, die zurück zum Himmel führt, zur Verfügung. Das Mittel für den Aufstieg soll eine Umkehrung dessen sein, was Adam ursprünglich falsch bemacht hat. Nun ist der Kabbalist aufgerufen zu agieren anstatt zu reagieren, also aktiv zu erschaffen und sich so dem Himmel Stück für Stück zurückzuverdienen. Die Anrufung der Namen Gottes, Pfadarbeit mit den Verbindungslinien in dem kabbalistischen Baum des Lebens oder die Meditation der Transmutation, die mit Dreiergruppen von hebräischen Buchstaben arbeitet, sind einige Übungen, die zum Repertoire dieses Systems gehören.

Im Kurs versuchen wir weder den Weg zum Himmel zurückzufinden, noch uns den Himmel wieder zu verdienen. Der Himmel ist unbezahlbar, er kann nur geschenkt, empfangen oder erinnert werden. Daher sagt der Kurs, dass wir den Himmel zwar fortgeworfen haben, aber dass er für uns bewahrt wurde, weil wir ihn mit nichts hätten zurückkaufen können. Auch konnten wir den Himmel nie verlassen, weil es keinen Ort gibt, an dem Gott nicht ist. Der große Kabbalist Isaak Luria hat die Theorie entwickelt, dass Gott sich von einem Teil des Kosmos zurückzog, oder zusammenzog, um der Welt Raum zu geben. Dieser Vorgang wurde von ihm *Tzimtzum* genannt.

Diese Sichtweise lehnt der Kurs vollkommen ab. Hier ist die Welt bloß ein unwirklicher Vorhang, den jeder Einzelne von uns vor die Wahrheit gezogen hat, um den Himmel zu vergessen. Durch die Entscheidung für das Erwachen wird das Leben des Schülers als ganzes zu der Leiter zurück in den Himmel. Um das zu erkennen, was schon hier ist, bedarf es nur dieser Geistesänderung. Die Wahrheit kann jedoch von dieser Welt weder berührt noch verändert werden.

5. Ein Augenblick ist genug

Alles was für eine Rückkehr in den Himmel notwendig ist, kann in einem Augenblick vollbracht werden. Es ist der Wunsch in den Himmel zurückzukehren, der die Heimkehr mit der Hilfe Gottes vollbringt. In der Zeit kann dies viele Jahre in Anspruch nehmen, da es dem menschlichen Geist schwer fällt, seine angemaßte Fähigkeit des Urteilens aufzugeben und diese für etwas Unbekanntes und Gefürchtetes, den Himmel, zu „opfern". Die Vergebung macht dieser Täuschung ein Ende. In der Vergebung lassen wir die Vergangenheit los und damit auch unsere Identität. Wer erkennt, dass er nicht urteilen kann, ist kein gewöhnlicher Mensch mehr. In unserer Zivilisation wird die Entwicklung des Urteilsvermögens als der Weg zur Reife angesehen. Für den Kurs ist die Welt, die wir sehen, jedoch schon eine Folge falschen Urteilens.

Wer sich an das Urteil des Heiligen Geistes hält, kann eine andere Sichtweise auf die Welt erlernen. Die ist ein Prozess des stillen Einschmelzens. Allen Dingen wird erlaubt sie selbst zu sein und zu uns zurückzukehren, so dass wir sie wieder als das sehen können, was sie sind, ein Teil von uns. Die Erlösung, die der Kurs anstrebt, ist nichts anderes als diese Erkenntnis, dass alle Dinge innen und außen nichts ist. Dieses Gewahrsein ist der Himmel wie Jesus im Kurs sagt. Wie können wir dieses Einschmelzen nun zulassen oder gar beschleunigen?

Die folgende Übung ist tantrisch-buddhistischen Ursprungs und wurde von *Michael Barnett* im Westen bekannt gemacht.

„Stell dir vor, dass dein Arm eine Wolke aus Energie ist. Versuche die Vibration zu fühlen. Vergiss für einen Moment, dass dein Arm deiner Meinung nach aus Materie besteht. Wenn du das erreicht hast, lass die Energie, die den Arm umgibt in den Arm einsinken, auch wenn sich das unangenehm anfühlt. Lass zu, dass diese äußere Energie den Arm durchdringt. Lass zu, dass der Arm auf ein neues Schwingungsniveau gehoben wird." Die äußere Energie will den Arm mit sich selbst im Gleichklang schwingen lassen. Sie ist eigentlich reines Licht. Was du in dieser Übung zum Anfang spüren wirst, sind all die verborgenen Blockaden gegen einen freien Fluss von Energie. Diese Blockaden werden langsam aufgelöst werden.

Wenn wir die universelle Anwendbarkeit dieses Prozesses erst einmal begriffen haben, können wir damit den ganzen Körper mehr und mehr mit dem Universum schwingen lassen. Was aber eigentlich geschieht, ist umgekehrt. Die Welt kehrt zu uns zurück. Der energetische Druck nimmt ab und hört letztlich ganz auf, weil wir nicht mehr darauf bestehen, dass alles außen und nichts innen ist. Alles wird langsam ein Teil von uns. Diese Übung ist damit eine physische Anwendung von dem, was Vergebung eigentlich ist. Auf diese Weise werden wir wieder ein offenes einladendes System, das sein zu Hause immer mit sich bringt, wo auch immer es hingeht, und alle Wesen einlädt heimzukehren. Das ist die Funktion der Lehrer Gottes.

6. Gespräch Jesu mit einem Pfarrer

Kleine Dorfkirche, dunkler Friedhof, Nacht im November.

Der alte Pfarrer schließt die Kirchentür ab und macht sich auf ins benachbarte Pfarrhaus.

Jesus erscheint vor ihm, in strahlendes Licht getaucht, seine dunklen Locken bewegen sich leicht in einem Wind, der nicht von dieser Welt ist.

P: „So du bist gekommen?"

J: „Ja, ich bin endlich gekommen."

P:„Es hat lange gedauert, sehr lang."

J: „Die Zeit scheint endlos zu dauern, ich weiß, wenn man *in* der Zeit ist."

P: „Was denkst du über mich? Habe ich bestanden oder versagt?"

J: „ Die Frage stellt sich gar nicht. Ich bin dein Freund, nicht dein Richter. Für mich hast du natürlich bestanden. Du bist dein einziger Richter. Du wirst Gelegenheit haben, dein ganzes Leben noch einmal anzusehen mit all den Folgen deiner Taten für andere."

P: „Davor graut mir."

J: „Hab keine Angst, das wird eine intensive, aber kurze Erfahrung sein. Und du wirst all die Liebe spüren können, die du in anderen erweckt hast, wie auch die Enttäuschung für dein Versagen. Die Ernte deines Lebens ist jedoch über alle Maßen reich. Danach wirst du verstehen, wie dankbar ich dir bin."

P: „Danke, das macht mich unsagbar froh. Aber warum sagst du, dass ich mein einziger Richter bin? Ist nicht Gott mein Richter?"

J: „Gott kann dich nicht richten, weil er sich dir nicht gegenüberstellt. Für ihn bist du sein geliebter Sohn, als Teil seines eigenen Geistes erschaffen. Nur du hast dich allem gegenübergestellt und dich daher allein gefühlt."

P: „Dann ist so vieles nicht wahr, was mir gesagt wurde, woran ich glaubte und was ich gelehrt habe."

J: „Das stimmt. Aber am Ende zählt nur die Liebe. Und du bist meine Stimme gewesen, du hast mir Hände gegeben und Füße. Du hast mich zu den Armen gebracht und den Einsamen, zu den Eingebildeten und zu den Verzagten. Du hast einen warmen Ort errichtet in diesem Dorf, in dem keiner mehr weiß, worauf er noch hoffen soll, außer den Jungen, die nur weg wollen, den Kopf voll verrückter Ideen. Komm nun heim mein Bruder, zu dem Heim, das ich dir bereitet habe vom Anbeginn der Zeit. Lass uns das Fest der Heimkehr feiern, das Fest mit dem der Traum der Trennung endet, wo alle Kinder sich zu Hause wiederfinden. Das Mahl des Vaters steht allen offen, den Sündern und Gerechten, denn Gott kennt sie alle nur als seine Kinder und Träume sind nur Schäume für ihn. Keiner von euch konnte ändern, als was er erschaffen wurde. Und nach dem Fest werden wir den Hymnus wieder singen, der aufsteigt von Ewigkeit zu Ewigkeit zum Vater, zum Schöpfer aller Universen, der jedes seiner Kinder kennt, als wäre es sein einziges, der allen Kindern alles zum Geschenke machte; das alte Lied, das wir schon immer in unseren Herzen tragen, dieses Lied, das nichts anderes ist, als das Leben selbst in unbeschreiblicher Ekstase und doch so tiefem Frieden, dass dieser unauslotbar ist und ohne jedes Ende. Willkommen mein Freund!"

7. Zwei Übungen, in der Schau

1. Stelle dir alle Dinge als vollkommen leer vor, zuerst deinen Finger, dann deine Hand, dann Stück für Stück deinen ganzen Körper. Danach stell dir auch den Stuhl auf dem du sitzt als leer vor, den Boden auf dem der Stuhl steht, den Schreibtisch, die Möbel, die Wände deines Zimmers usw. bis du dir die Erde und alle Himmelskörper als leer vorstellen kannst. Dann lass deine Aufmerksamkeit von dem Inneren deines Körpers nach außen wandern. Finde deinen Geist überall wo du hingehst mit deiner Aufmerksamkeit: Im Körper, außerhalb des Körpers, in der Coach, im Boden und wieder außerhalb. Etabliere einen Raum aus Bewusstsein, der alle Dinge durchdringt. Lass nun alle Dinge in dieses Bewusstsein einschmelzen in dem du deinen Blick entspannst. Bleibe dieser Übung treu, so lange bis du auf andere Art und Weise zu sehen beginnst.

2. Lass alle Dinge ungefiltert zu dir kommen. Öffne dich bewusst allen Dimensionen, Engeln und Dämonen und sei du der leere Raum in den alle ohne Widerstand eintreten können. Lass alle Dinge dich berühren. Lass dein Herz das *Obergemach* sein, in dem Jesus sein Abendmahl mit der Welt feiert. Lass es zu, dass sich Arme der Liebe von deinem Herzen aus in die ganze Schöpfung hinein ausstrecken. Lebe in dieser Umarmung. Schließe immer wieder alles mit ein, das von außen her auf dich zukommt. Erkenne, dass du in dieser Umarmung den Weg nach Hause gefunden hast und gegangen bist.

8. Der Neuanfang

Du selbst sein

Jesus spricht wieder: „Ich bin nicht gekommen um dich zu verändern. Ich möchte dir vielmehr den Mut geben, du selbst zu sein. Was heißt du selbst zu sein? Scheinbar versuchst du ständig dich zu verteidigen, gegen eine Wahrnehmung von Dingen, die jenseits deiner kleinen Welt liegen, gegen andere Menschen und etwas die von dir wollen können und gegen andere Ideen, die deine Identität zum Wanken bringen können. Diese Identität habe ich immer in Frage gestellt. Durch meine Kreuzigung und Auferstehung habe ich aufgezeigt, dass das Leben der Kinder Gottes nicht angegriffen werden kann. Nur in dieser Welt scheinst du verletzlich zu sein. Das ist deshalb so, weil du die Welt gemacht hast, um deiner begrenzten Identität, die an einen Körper gebunden ist, Bedeutung zu verleihen. Du bist hier, weil du Angst vor deiner Größe hast. Kleinheit ist deine Art mit der Schuld umzugehen, die du tief in deinem Herzen empfindest, seit dem du dich von Gott getrennt zu haben glaubst. Meine Botschaft hat immer auf deiner Unantastbarkeit beruht. Was Gott geschaffen hat, kann sich nicht ändern und Gott erschafft nur vollkommen. Das heißt, dass du mit allem verbunden bist und dass es nichts außerhalb dieser Gesamtheit gibt. Das ist der Friede Gottes und er ist in dein Herz eingeschrieben, unter all deiner Angst und Schuld. Aber solange du deine dunklen Gefühle und Gedanken hinaus in die Welt projizierst, kann Heilung nicht geschehen. Nun ist es Zeit sich der Erlösung zu öffnen, denn die alten Wege funktionieren nicht mehr. Dies ist die Einladung zu einem Neuanfang. Gott hat dir dich selbst zurückgegeben."

Der Einflüsterer

„Heute möchte ich über den Gegenspieler sprechen. Ihn gibt es nur außerhalb des Himmels. Der Himmel ist noch immer so wie er immer war, nur du fehlst dort! Darum bin ich auch noch immer hier, um dich heim zurufen. Dein Leben ist deine Antwort auf diesen Ruf. Du kannst deine Heimkehr verzögern, aber nicht verhindern. Niemand kann Anspruch auf deine Seele erheben, außer mir. Luzifer scheint in der Welt eine große Macht zu haben, eine viel größere als Gott. Menschen beten ihn an, oft ohne es zu wissen. Sie tun es, wenn sie nicht auf die Stimme für Gott in ihrem Geiste hören. Indem sie stattdessen auf Luzifer oder das Ego hören, opfern sie ihm ihren inneren Frieden, ohne etwas Wirkliches zurückzubekommen. Und vielleicht spüren sie, wenn sie tief genug in die Dunkelheit des Bösen eintauchen, Luzifers düstere Kraft über sich kommen, wie eine schwere schwarze Decke. Ist das ein Beweis für die Existenz des Teufels? Es scheint Kräfte und Energien zugeben, die sich Gott widersetzen, aber sie haben nur die Kraft, die die Gottes Kinder ihnen gegeben haben. Und glaube mir, auch diese luziferischen Kräfte glauben daran,

Gott zu dienen, indem sie Negativität und Schmerz in ein „graues" System einpflanzen, um es damit zu einer Entscheidung zu drängen, die am Ende, wie sie wissen, immer zugunsten Gottes ausfallen wird. Du aber entscheidest ganz allein darüber, wer in deinem Leben das Sagen hat. Wie tust du das? Durch Aufzeigen, woran du glaubst, weniger durch Worte, als durch Taten, durch dein gelebtes Leben. In dem Sinne ist Luzifer ein Teil deines Geistes, eine Stimme die du eingeladen hast, die Stimme Gott zu übertönen.

Du wolltest den Himmel vergessen. Warum? Du wolltest von Gott mehr als *alles* haben, das Privileg einer besonderen Liebe. Das konnte Gott dir nicht geben, denn er liebt alle Wesen gleich. So hast du die Liebe Gottes fortgestoßen, in dem Glauben, dass der Einflüsterer dir mehr bieten könnte als Gott selbst. Aber alles was er dir bis heute angeboten hat, sind Trennung, Kälte und Schmerz. Was ist nun Luzifer? Er steht für eine bestimmte Art des Denkens, das auf Trennung beruht, ein Programm, das du einschalten kannst, wann du willst, das aber keine Macht ohne deine Macht hat. Du hast vergessen, dass du es eingeschaltet hast und dich daran gewöhnt, dass es dich beherrscht. In jedem

Moment bist du aber frei dich für Gott zu entscheiden. Darum muss Gott letztendlich gewinnen, weil er wirklich ist und seine Anziehungskraft unendlich größer ist, als die von Luzifer. Alles was du tun musst ist, in diesem Moment zu landen und die Freiheit der Entscheidung wieder für dich zu beanspruchen."

Der Weg

„Sieh dich um. Höre auf etwas tun zu wollen. Versuche nicht dich zu verbessern. Du bist bereits vollkommen. Warum solltest du irgendetwas tun müssen? Ist Gott weit entfernt von dir und muss daher eine Leiter in den Himmel gebaut werden? Wer sollte diese Leiter bauen? Du vielleicht, mit deinem Wissen, mit dem was du von der Liebe Gottes verstehst? Ganz gewiss nicht! Die Leiter ist nicht von dir, sie ist für dich. Sie ist bereits gegeben. Früher hat man sie mit meinem Kreuz gleichgesetzt. Aber jetzt sage ich dir, dass alles was du brauchst um durch das Himmelstor zu schreiten Vertrauen ist. All dein spirituelles Wissen lass hinter dir. Vertrauen ist bereits dein, nachdem du gelernt hast, dass Gott mit dir ist; du musst es nur anwenden, heute, jetzt.

Das Beste was du jetzt tun kannst, ist dich dem zu öffnen was gerade da ist. Und das ist eine Menge. Da sind erst einmal deine Sinneseindrücke. Dann ist da der Innenraum deines Körpers. Fühlt er sich genauso leer an wie der Raum außerhalb? Wenn nicht, hast du noch einige Arbeit zu tun. Und diese Arbeit besteht in nichts anderem, als dich vom Kosmos bewegen zu lassen, bis dein Körper genauso schwingt, wie der Raum um dich herum. Heißt das, dass leerer Raum schwingt? Ja, hier schwingt alles, alles schwingt, alles singt. Du gibst einfach deinen Widerstand gegen die Schwingung von außen auf und lässt zuerst einen kleinen Teil deines Körpers wie einen Arm von dieser äußeren Schwingung bewegen, später den ganzen Körper.

Wenn du auf diese Weise Teil des Universums geworden bist, erkennst du, dass du es schon immer Teil davon warst. Das nenne ich den Frieden Gottes. Wie kannst du diesen Frieden leben? Indem du ihn in jedem siehst. Lass diesen Frieden aus deinem Herzen strahlen wie ein Licht, so dass er deine Brust weit und warm macht. Dann sieh dieses Strahlen auch in den anderen Menschen um dich herum. Es in anderen zu sehen, wird es dir noch mehr zu eigen machen. Du kannst dich auch mit der Leere in allen Dingen und in dir öffnen und diese Leere zu einem einheitlichen Raum werden lassen. Das wird dir die Freiheit geben, deinen Körper zu transzendieren, ohne ihn abzuspalten. Indem du dich mit dem Raum identifizierst, machst du Raum für Gott und die Liebe. Körper können der Liebe nur unvollkommen Ausdruck verleihen. Dein Geist jedoch ist schon immer mit allen Dingen eins. Alles was du tun musst, um die Liebe auszudehnen ist einen liebevollen Gedanken zu denken. Es ist dein Geist von dem die Liebe entweder zurückgehalten oder ausgedehnt wird. Dehnst du sie aus, ist sie dein, hältst du sie zurück, verlierst du sie aus den Augen, weil du dich zusammengezogen hast und Liebe Ausdehnung ist. Diese einfache Klarstellung sollte dir den Weg zurück zum Vater weit öffnen. Höre auf zu lesen, stehe auf und gehe den Weg. Deine Brüder und Schwestern warten darauf, dass du voran gehst, damit sie dir folgen können, so wie du mir folgst. Ich werde dich nach Hause leiten, während du ihnen dienst. Am Ende werden sie dich im Himmel begrüßen und du wirst erkennen, dass nur du geglaubt hast hier zu sein."

Die Bücher von Peter Bernhard:

„Der Kurs der Wunder" über eine neue Art zu Leben und Christus nachzufolgen, für das dritte Jahrtausend.

"Die Pforten der Maria Magdalena" Einführung in die gnostische Lehre des Märchens "Eisenhans"

„Christsein in der Matrix" Besser leben in einer unwirklicher werdenden Welt.

„Das Evangelium der Katharer" Wie würde ein Evangelium aussehen, das keinerlei Angst vor Gott erzeugt?

„Die Katharer" Begegnungen, Liebe und Abenteuer in den Bergen Kataluniens.

„Im Westen ist das Meer noch tief" Das Abenteuer der Selbstentdeckung auf dem Jakobsweg.

„Christliches Mantra". Durch ein betendes Leben Sinn und Freude finden.

„Mit Crazy Horse im Schnee". Eine bewegende und abentheuerliche Erzählung über die Begegnung eines Mannes mit seinem Tod.

„Ethik und Integration" Wo steht die deutsche Gesellschaft heute? In welche Richtung müssen wir uns bewegen, um den Herausforderungen der Zukunft gerecht zu werden und die vielen Fremden zu integrieren?

„Was Jesus wirklich lehrte" Die 24 Erkenntnisse, die Jesus gelehrt hat, um den Frieden Gottes zu finden.

"Wir leben alle in Gott", Die verborgene Botschaft des Johannesevangeliums

„Die Allen der Kindheit", Gedichte über das Sein

Weitere Empfehlungen:

„*Praxis des Herzensgebet*"s, *Andreas Ebert, Peter Musto, Claudius, München, 2013*
„*Unterweisung im Herzensgebet*", *Emmanuel Jungclausen, EOS, St.Ottilien, 2008*
Weitere Autoren:
Matthew Fox, Richard Rohr, Carl McColman, Cynthia Bourgeault , Paul Selig, u.v.a..

Printed in Poland
by Amazon Fulfillment
Poland Sp. z o.o., Wrocław